대한민국세력의
체제전쟁 대역전 전략

체제전쟁
마스터플랜

체제전쟁 마스터플랜

발행일	2025년 09월 12일
2쇄 발행일	2025년 10월 17일
3쇄 발행일	2025년 10월 22일
4쇄 발행일	2025년 11월 03일
지은이	이희천
발행인	이희천
펴낸곳	도서출판 대추나무
디자인	오종국 (Design CREO)
주소	인천광역시 남동구 문화서로 3번길 14-7, 101호
전화	010-8799-1500, 032-421-5128
팩스	032-422-5128
등록번호	제213-99-00699호

정가 16,000원

ISBN 979-11-978023-5-5-1   03300

대한민국세력의
체제전쟁 대역전 전략

체제전쟁
마스터플랜

이희천 지음

도서
출판 대추나무

그들의 종말이 다가오고 있다

달도 차면 기운다. 역사는 도전과 응전 속에서 전개된다.

1987년 이후 '민주화의 기수'를 내세우며 나라를 흔든 김일성주의 세력, 주사파. 그들은 40여 년의 꿈을 이루어 자신들이 다스리는 붉은 세상이 곧 올 것처럼 보였으나, 조급한 행보와 무리수로 실체가 드러나면서 종말을 재촉하고 있다.

종북 주사파가 이 땅에서 세력을 넓히고 국회까지 장악할 수 있었던 이유는 그들이 정의로워서도, 공산주의를 선호하는 국민이 많아서도 아니다. 국민 다수가 그들이 진보·민주·정의·평등·인권·평화라는 이름으로 위장한 '양의 탈을 쓴 늑대'임을 알지 못했기 때문이다.

윤석열 대통령 탄핵과 이재명 정권의 등장을 거치며 그들의 민낯이 드러났다. "이들이 진짜 민주화 세력이 아니었구나"라는 사실을 깨달은 2030세대는 깨어나 조직적인 저항운동에 나서고 있다. 교회들도 기존 광화문운동 경험과 함께, 새로이 '세이브 코리아(Save Korea)' 운동과 압수수색을 겪으며 점차 현실을 인식하고 있다. 특히 국민의힘 내부에서도 각성한 당원들과 새로운 지도자들이 속속 등장하고 있으며, 이들에 의해 새로운 정당 혁신이 일어날 가능성이 커지고 있다. 이들이 국민적 열기를 하나로 모아 체제전쟁 승리의 주역이 되기를 기대한다.

사상선과 체제진쟁은 국민의 마음을 누가 더 얻느냐에 달려 있다. 승패의 관건은 주권자인 국민과 유권자를 얼마나 깨우고 하나로 결집시켜 행동에 나서게 하느냐에 달렸다. 국민과 유권자의 각성과 행동만이 죽어가는 대한민국을 살릴 수 있다.

6·25전쟁 초기 3개월, 북한군이 마을에서 악행을 저지르는 것을 보고 국민 모두가 "공산주의는 나쁘구나"라고 깨닫고 반공의식으로 무장했다. 지금이 바로 그런 때다. 주사파에 속았던 국민들이 깨어나 저항운동에 나설 절호의 기회다. 국민대각성운동, 유권자각성운동을 동시다발적으로 일으켜야 한다.

우리가 낙심하지 않고 적극적으로 노력한다면, 진보 진영에 잘못 속해 있던 자유민주주의 세력이 대거 이탈하며 정치 판세가 완전히 바뀔 것이다. 우리를 옥죄어 온 종북세력의 시대도 끝나는 날이 반드시 올 것이다.

이 책은 국민각성운동의 필독서이자 전사를 길러내는 교범이며, 체제전쟁을 대역전 드라마로 만드는 마스터플랜이 될 것임을 확신한다.

이 책이 있기까지 많은 가르침과 지도를 해주신 우익사상 분야 권위자 양동안 교수님께 존경의 마음을 전하고, 법적 검토와 미비점을 지적해준 박주현 변호사, 꼼

꼼히 교정과 윤문을 해준 권경희 메가포커스 발행인 기자, 책의 출간을 격려해준 오지성 목사님 등께 깊이 감사드린다.

2025년 9월 7일

저자 **이희천**

내란죄-외환죄 프레임 벗겨야 대한민국 산다

트럼프-이재명 회담이 가져온 논쟁

트럼프가 던진 '혁명·숙청' 충격 발언

트럼프와 이재명 간 양자회담이 8월 25일 백악관에서 열렸다. 이 양자회담은 두 사람 간 세계관의 충돌을 불러왔다.

트럼프 대통령은 회담 3시간 전 SNS에 "지금 대한민국에서 무슨 일이 일어나고 있나? 숙청, 혁명이 일어나고 있는 것 같이 보인다. 그런 상황에서는 그곳에서 사업을 할 수 없다."라는 글을 올렸고, 이는 엄청난 파문을 일으켰다.

이 발언은 '지금 대한민국에서는 공산혁명이 일어나고 있는 듯하다, 현재 특검의 내란 청산 작업은 단순한 정치보복이 아니라 공산혁명에서 필수적으로 동반되는 반동분자 숙청 작업과 유사하다'는 취지였다. '만약 한국이 공산국가로 간다면 양국 간 조선 협력 등 경제협력 프로젝트를 추진하기 어렵다'는 의미로 해석됐다.

트럼프, 어떻게 '숙청·혁명' 용어를 썼을까?

기자들은 트럼프에게 "왜 '숙청·혁명' 발언을 했는가"를 여러 차례 물었다. 트럼프 대통령은 정보기관 보고(intellegence)를 언급하며[1] '특검의 교회 대상 강압적 압수수색, 윤석열 외환죄 입증을 위한 오산 미 공군기지 압수수색' 등을 거론했다. 특히 특검의 강압적 수사 행

---

[1] 트럼프 대통령이 'intel'로부터 들었다는 표현을 두고, '정보통'으로 해석해 마치 대통령 주변 시적인 체널로부터 입수한 찌라시 정보라는 의미로 해석하는 것은 잘못이다. intel은 intellegence의 약칭인데, intelligence란 정보기관에 의해 종합, 분석, 평가된 신뢰할 정보만을 의미하고, 그 과정을 거치지 않은 수집 자료에 대해서는 information(첩보)라고 한다.

태를 자신을 내란범으로 몰아붙였던 잭 스미스 특검에 비유하며 문제 삼았다.

트럼프가 이재명 정부 특검의 심각성을 인식하게 된 결정적 계기는 윤석열 대통령의 외환죄 입증을 명분으로 한 오산 미 공군기지 무단 압수수색이었는데, 트럼프는 이를 적의 기습 공격에 쓰는 '급습'으로 표현했다. 보고를 받은 트럼프 대통령은 격앙됐고, 곧 한국과의 관세협상 일정을 잇달아 취소했다. 더불어 양자회담을 앞두고 이어진 교회 대상 대규모 압수수색도 트럼프의 문제 인식을 심화시킨 사안이었다.

위성락 안보실장은 8.31 "누가 트럼프에게 '숙청·혁명' 관련 내용을 잘못 인식시켰는지 경로를 추적하겠다"고 밝혔다. 이는 트럼프가 '혁명·숙청' 등 공산주의 개념을 잘 모른다는 전제를 한 것인데, 오히려 트럼프 대통령은 1기 정부 때부터 "진보로 위장한 사회주의 세력"이라고 비판하는 등 공산·사회주의를 정확하게 알고 있고, 그로 인해 공산·사회주의 진영으로부터 지속적인 공격을 받아왔다. 미국 민주당 오카시오-코르테즈 의원은 "트럼프 진영에 대한 제거 블랙리스트와 보복"을 공언했고, "트럼프 지지자들에 대한 스탈린식 숙청·중국 문화대혁명식 공격"을 언급하기도 했다. 워싱턴포스트의 제니퍼 루빈 기자는 "(트럼프 정권을 타도하면) 트럼프 지지자들을 재교육 강제수용소에 보내야 한다"고까지 말했다.

트럼프는 지금 공산주의 중국과 자유민주 국가들을 분리시키는 신냉전 질서를 구축하는 인물로 평가된다. 그런 그에게 '혁명·숙청' 프레임을 누가 주입했는지 색출하겠다는 식의 반응은 트럼프를 폄훼하는 발언으로 비칠 수 있다. 트럼프 대통령은 광범위한 정보 보고를 토대로 이재명 정권의 흐름을 파악하고 있는 것으로 알려져 있다.

이재명, 회담 통해 자신의 사상관 드러내다

트럼프의 '공산혁명·숙청' 인식에 결정적 확신을 더해 준 것은 다름 아닌 이재명 자신이었다. 트럼프가 특검의 미군기지 및 교회 압수수색에 대한 해명을 요구하자, 이재명은 "지금 대한민국은 친위쿠데타로 인한 혼란이 극복되지 않은 상태"라며 "내란 상황에 대해 국회가 임명하고 주도하는 특검에 의해 사실 조사가 진행 중"이라고 답했다. 그의 발언은 윤석열 대통령의 비상계엄을 '친위쿠데타', 즉 내란으로 규정하고, 특검 수사는 내란범 수사를 위한 정당한 조치라고 본다는 의미였다. 곧 트럼프의 발언을 정면으로 반박한 셈이다.

트럼프는 이재명 세력을 혁명(내란) 세력으로 본 반면, 이재명은 윤석열 세력을 쿠데타(내란) 세력으로 본다. 누구의 판단이 옳은가? 이재명이 내란 세력인가, 윤석열이 내란 세력인가?

내란죄-외환죄 프레임 벗겨야 대한민국 산다

"팔이 빠질 것 같다. 제발 놔 달라."

윤석열 대통령의 이 외마디는 단순히 10여 명의 건장한 특검 체포단을 향한 말이 아니다. 그것은 국민과 세계를 향한 절규였다.

그의 외침은 자유 국민들에게 "나는 이렇게 싸우고 있다. 이제 함께 나서 달라"는 뜨거운 호소였으며, 인권과 자유를 소중히 여기는 세계 자유민주주의자들을 향한 SOS였다. 그의 외침을 외면하는 자는 자유와 인권, 그리고 애국을 말할 자격이 없다.

윤석열 대통령은 1.8평의 사형수 감방과 같은 열악한 환경 속에서도 자유민주주의를 파괴하려는 세력에 굴복하지 않고 홀로 처절한 싸움을 이어가고 있다. 그의 절규와 투쟁은 낙동강 전선이 무너지는 것을 막기 위해 장병들에게 "내가 후퇴하면 나를 쏴라"라고 외쳤던 백선엽 장군의 결기와 같다. 윤 대통령의 저항선은 곧 낙동강 전선이며, 그가 무너지면 더 이상 저지선은 존재하지 않는다.

그의 투쟁이 울림을 가지는 이유는 그가 말만이 아니라 행동으로 이를 실천하기 때문이다. 지난해 탄핵소추안 가결 직후 "국민께 드리는 말씀"에서 밝힌 다짐, "저는 결코 포기하지 않겠다. 마지막 순간까지 국가를 위해 최선을 다하겠다"는 약속을 실제로 이행하고 있기 때문이다.

그의 호소에 응답한 애국 국민들은 브라질 국민들처럼 강하게 일어설 것이며, 그의 SOS에 응답하는 세계 자유민주주의 지도자들의 지지 또한 뒤따를 것이다. 자신의 몸을 던져 희생하는 윤석열 대통령의 저항의 횃불은 반드시 수백만 국민의 횃불로 이어져, 사악한 정권의 종말을 앞당길 것이다.

그들은 윤석열 대통령 제거에 총력을 기울 것

트럼프 대통령이 윤석열 대통령의 석방을 직·간접적으로 요구했음에도 불구하고, 이재명 정권은 아랑곳하지 않고 더욱 강한 기세로 윤석열 대통령을 체포하고 특검 수사를 통해 올가미를 씌우려 하고 있다. 윤석열 대통령을 내란죄·외환죄로 몰아 극형에 처하려는 기세다. 더불어민주당 정청래 전 법사위원장도 지난 1월 "윤석열은

법원에서 내란죄로 사형 선고받을 것"이라고 발언한 바 있다.

그들이 윤석열 대통령 제거에 집착하는 이유는 그가 가장 큰 장애물이자 저항운동의 불씨이기 때문이다. 그를 제거해야 영구 집권 체제를 구축할 수 있고, 1948년 건국된 자유민주주의 체제를 공산주의 체제로 전환할 수 있다고 보기 때문이다.

대한민국 헌법 제84조는 이렇게 규정하고 있다.

"대통령은 내란 또는 외환의 죄를 범한 경우를 제외하고는 재직 중 형사상의 소추를 받지 아니한다."

즉, 대통령이라도 내란죄·외환죄라는 중범죄를 저지르면 재직 중에도 처벌받을 수 있다. 그만큼 내란죄·외환죄는 국가적 중범죄다. 이재명 정부는 윤석열 대통령을 내란죄·외환죄로 엮어 반국가 사범, 반헌법 세력으로 처단하려는 것이다. 그래야 윤석열 대통령과 그 지지세력을 완전히 단죄하고 영구히 제거할 수 있기 때문이다. 윤 대통령을 내란·외환 범죄자로 처단하고 나면, 그 칼

날은 곧 국민의힘을 향하게 될 것이다. 그들을 위헌 정당으로 몰아 해산시키려 할 것이며, 나아가 이를 지지하는 자유민주주의 우익·우경 세력 전체를 내란 세력으로 몰아 일망타진하려 할 것이다.

윤석열 대통령 방어 못하면 자유 대한민국 사라질 것

더불어민주당 등 좌익·좌경 세력[2]은 비상계엄 직후부터 윤석열 대통령에게 내란수괴 프레임을 씌우며 집중 공격해 왔다. 많은 국민은 대통령 탄핵으로 내란 공세가 멈출 것이라 예상했지만, 실제로는 정반대였다. 이재명

---

[2] 좌파세력이란 정확한 정치사상 용어가 아니다. 사상분야 권위자 양동안 교수의 주장에 따르면, 좌익-우익은 사상진영을 나타내는 용어이고, 좌익-우익 진영 아래에 정당, 단체가 있으며, 정당, 단체 아래에 좌파-우파라는 정파가 소속되어 있는 구조(익-당-파 순)이다. 그런데, 우리나라는 정치사상 용어의 혼선으로 인해 정당 내 정파를 나타내는 좌파-우파 용어를 사상진영을 나타내는 용어로 잘못 사용함으로써 정치사상의 혼선을 유발하고 있다. 그리고 '좌파'를 사상진영을 나타내는 용어로 사용할 때도 좌익+좌경세력을 합칭함으로써 혼란을 가져오고 있다. 공산주의, 사회주의 노선을 명확한 좌익세력과 자유민주주의 노선이지만 좌로 기울어진 좌경세력과는 다른 노선인데 이를 하나로 표현하기 때문이다. 그러나 현실적으로 좌익세력과 좌경세력을 구분하는 것이 쉽지 않고, 하나의 정당 속에 혼재하고 있다. 따라서 종북좌익 정당이라도 하더라도 그 속에 자유민주주의 노선을 가진 친북·친중 좌경세력이 혼재하고 있다는 현실을 이해하기 바란다.

정권 등장 이후 내란 공세는 더욱 강화되었다. 그 끝은 어디인가? 대한민국 자유민주주의 체제가 무너질 때까지일 것이다.

윤석열 대통령에 대한 특검 수사는 결코 개인 처벌로 끝나지 않는다. 그들은 대한민국에서 자유민주주의 세력의 뿌리가 뽑힐 때까지 계속할 것이다. 따라서 윤석열 대통령에 대한 처벌은 곧 자유민주주의 대한민국 제거의 시작일 뿐이다.

그러므로 지금 자유민주세력은 처절하게 싸우는 전사 윤석열 대통령을 그들의 손아귀에서 구해야 한다. 그가 무너지면 다음 둑들도 연쇄적으로 무너질 것이다. 그를 그들의 마수에서 구하는 길은 윤석열 대통령에게 씌운 내란죄·외환죄 프레임을 벗기는 데서 출발해야 한다. 그것이 국민의힘의 해체를 막는 길이며, 대한민국 자유민주세력을 살리는 길이다

내란프레임, 피하는 것이 능사가 아니다

내란 프레임이 이렇게도 위험한 공격 무기임에도 불구하고, 우익 진영은 이를 회피하는 데 급급하다. 마치 "장마철 소나기 피하듯" 잠시 피하면 사라질 것으로 생각하는 듯하다. 그러나 피하면 피할수록 더욱 강한 태풍이 되어 몰아칠 뿐이다.

이재명 세력과 종북좌익·좌경 세력의 지속적인 내란 프레임 공세 속에서 국민의힘 등 우익 진영은 대응책을 찾지 못한 채 그 프레임에 갇혀 허우적거리고 있다.

국민의힘 국회의원들은 내란범으로 처벌받지 않을까, 당이 해산되지 않을까 하는 두려움 때문에 적극적인 목소리를 내지 못하고 있다. 대부분 내란 프레임에 걸려들까봐 몸조심하며 "나는 비상계엄을 반대했다", "비상계엄에 대해 사과하자", "윤석열 대통령을 출당시키자"라며 윤 대통령과의 연계를 차단하는 데 급급하다. 저항하는 인물들조차도 "탄핵 반대가 왜 내란이냐"는 수준의 소극적 항변에 머물고 있다. 우익 진영 전체가 패배주의에 빠져 있는 것이다.

당 지도부의 두려움은 투쟁력 상실과 패배주의 심리를 낳고, 당원들의 불안과 불만을 증폭시킨다. 국민들의 지지도 역시 급락한다. 당원과 국민은 그런 무능한 당에 신뢰와 희망을 걸 수 없기 때문이다. "좌파 정당이 던진 그물 하나 찢지 못하는 무능한 정당이 어떻게 나라를 이끌겠는가?", "그런 정당에 국민이 마음 놓고 지지를 보내고 생업에 전념할 수 있겠는가?"라는 냉소만이 돌아온다. 심지어 무능한 정당보다는 차라리 사악한 정당을 지지하는 현상마저 나타난다. 이는 자포자기 심리에서 비롯된 것이다.

결국 국민 지지율이 폭락하자, 당 내부에서는 "이 상황의 책임이 누구에게 있는가?"라는 문제를 두고 내분이 발생한다.

우익 정당 회생하는 묘수는 내란프레임 제거
우익·우경 정당의 분열과 국민 지지율 하락은 내란 프

레임을 극복하지 못한 데서 비롯되었다. 만약 내란 프레임을 벗겨낼 수 있다면 "우리가 정당하다"는 긍정적 인식이 자리 잡으며 사기가 오르고, 투쟁력도 강화될 것이다. 그러면 당 통합이 자연스럽게 가능해지고, 국민 지지율도 회복되며 전세 역전까지 가능하다. 문제는 "어떻게 그들이 던진 내란 프레임의 그물을 제거할 것인가"이다.

먼저 내란 프레임으로 공격하는 좌익 세력의 특성을 알아야 한다. 종북좌익 세력이 대통령에게 내란 프레임을 씌우는 이유는 비상계엄이 실제로 내란이기 때문이 아니다. 그것이 정권을 무너뜨릴 수 있는 효과적인 무기이기 때문이다. 따라서 비상계엄이 합법적인 통치권 행사임을 아무리 설명해도 그들은 듣지 않는다. 종북좌익 세력은 설득 대상이 아니다. "비상계엄은 합법이었다"고 설명한다고 해서 "우리가 잘못 생각했다, 미안하다"라고 돌아설 집단이 아니다.

설득해야 할 대상은 좌익 세력이 아니라 주권자인 국민

이다. 내란 프레임을 벗어나는 핵심은 종북좌익 세력이 곧 내란 세력임을 국민에게 지속적으로 알리는 것이다. 공격이 최선의 방어다.

내란 프레임을 벗기기 위한 최적의 방법은 역공을 위한 역프레임을 만드는 것이다. 그들의 급소를 타격하는 프레임을 창출해 국민에게 널리 전파하고, 그것이 국민의 뇌리에 깊이 새겨지도록 해야 한다.

전파 방법은 복잡해서는 안 된다. 단순하고 명료해야 한다. 국민이 즉각 이해할 수 있는 간명한 프레임을 지속적으로 반복해 전파하는 것이 핵심이다. 마치 부모가 자녀를 교육하듯, "귀에 못이 박히도록" 반복해야 한다. 예를 들어, "윤석열이 내란 세력이라니, 실제 내란 세력은 종북좌익 세력이다", "공산주의는 본래 혁명 세력, 정부 전복 세력이다", "이재명 정권은 내란 조직 정권이다"와 같은 구호들이다. 장황한 설명보다 간단 명료한 표어 전파가 훨씬 효과적이다.

"비상계엄은 합법이다" 논리에만 기대는 것은 허망

먼저 내란의 개념을 살펴보자. 내란이란 내부의 적이 일으킨 반란을 뜻한다. 반란이란 집권하지 못한 세력이 정권을 탈취하기 위해 현 집권 세력을 향해 벌이는 일련의 정치적 도발 행위다. 그런데 윤석열 대통령은 집권 세력인데 어떻게 반란을 일으킬 수 있겠는가? 내란이나 반란이라는 개념을 그에게 적용하는 것 자체가 어불성설이다.

대통령은 국민의 직접 선거로 합법적으로 선출되며, 헌법과 법률에 따라 비상대권을 가진다. 헌법 제77조는 "전시, 사변 또는 이에 준하는 비상사태에 대통령이 계엄을 선포할 수 있다"고 규정한다. 비상계엄 선포 여부에 대한 판단은 고도의 통치행위로서 대통령의 고유 권한이라는 것이 헌법학자들의 공통된 견해다.

윤석열 대통령 탄핵 재판 과정에서도 대통령 측 변호사들과 헌법학자들은 헌법 제77조(비상계엄 조항), 계엄법, 헌법재판소 판례 등을 근거로 비상계엄 선포의 정당성을 명쾌하게 설명했다. 이러한 주장은 자유민주주의 법치주의 법정에서는 지극히 타당하고 정당하다. 그러나 현실 정치 상황 속에서는 이런 주장이 허공의 메아리에 그칠 수 있다. 왜냐하면 종북좌익 세력은 아무리 논리적으로 설명해도 이를 받아들이지 않기 때문이다.

종북좌익 세력은 애초에 설득의 대상이 아니다. 비상계엄을 내란이라 주장하는 세력은 자유민주주의 법치주의를 무너뜨리고 정권을 탈취하려는 혁명 세력이다. 그런 집단에게 법리적 설명을 아무리 늘어놓아도 허망한 결과밖에 나오지 않는다. 내란 프레임을 벗겨내는 길은 법적 논쟁이 아니라 사상적 접근에 있다.

윤 대통령이 비상계엄을 선포한 이유에 주목해야

우익 진영이 좌익 진영의 내란 프레임을 벗겨내려면, 무엇보다도 윤석열 대통령이 비상계엄을 선포할 수밖에 없었던 이유를 분명히 하는 데서 출발해야 한다.

윤석열 대통령은 2024년 12월 3일 밤 10시 30분, 비상계엄을 선포했다. 많은 국민은 "웬 뜬금없는 비상계엄이냐?"라며 의문을 제기했다. "나라가 정상적으로 돌아가는데 왜 군대를 동원한 것이냐"라는 반응이었다.

그렇다면 윤 대통령은 왜 비상계엄을 선포했는가? 그만한 비상 상황이었는가? 우선 대통령의 판단을 살펴볼 필요가 있다.

윤 대통령은 비상계엄 선포문에서 "종북 반국가 세력으로부터 자유민주주의 체제를 지키기 위해 비상계엄을 선포한다"고 밝혔다. 그는 "입법 독재를 통해 국가의 사

대통령, 비상계엄 선포(2024.12.3)

"비상계엄 선포"

법·행정 시스템을 마비시키고 자유민주주의 체제 전복을 기도하고 있다", "자유민주주의의 기반이 되어야 할 국회가 오히려 자유민주주의 체제를 붕괴시키는 괴물이 되었다. 종북 반국가 세력을 척결하고 자유헌정 질서를 수호하기 위해 비상계엄을 선포한다"고 강조했다.

대통령은 국가의 모든 정보망을 갖춘 위치에서 국민과 달리 국정을 종합적으로 관찰할 수 있다. 당시 상황을 전시에 준하는 비상사태로 인식했고, 종북좌익 세력이 입법부를 장악하고 행정부와 사법부를 무력화하는 정부 전복 사태를 더 이상 방치할 수 없다고 판단했기 때문에 비상계엄을 선포한 것이다.

그러나 우익 진영 내부에서도 윤 대통령이 왜 비상계엄을 결단할 수밖에 없었는지를 깊이 따지지 않고, 좌익 세력이 규정한 대로 "비상계엄에 동의할 수 없다"는 입장만 반복하는 것은 결국 좌익 논리에 끌려가는 것과 다르지 않다.

윤 대통령의 주장이 사실이라면, 종북좌익 세력이 실제

로 국회를 장악했는지, 그리고 국회 권력을 활용해 행정부와 사법부를 마비시키며 정부 전복을 시도했는지가 핵심 쟁점이다.

따라서 윤 대통령의 비상계엄 결정을 비판하려면, 그 배경에 깔린 "종북 반국가 세력의 입법부 장악"이라는 지난 20여 년간의 정치 전복 과정을 이해해야 한다. 이에 대해서는 뒤에서 자세히 다루게 될 것이다.

비상계엄 직후, 더불어민주당 주도의 반란이 일어났다

미국 트럼프 행정부 1기에서 국제형사사법대사를 역임한 모스탄 교수는 7월 15일 서울대 강연에서 더불어민주당의 내란 프레임을 비판하며 "대통령을 내란으로 모는 세력이야말로 쿠데타 세력"이라고 지적했다. 즉, 윤석열 대통령을 내란수괴로 몰아 탄핵한 행위 자체가 정권 탈취를 위한 불법 쿠데타라는 것이다. 따라서 더불어민주당과 이재명 세력이야말로 반란·내란 세력이라는 주장이다.

저자는 윤석열 정부가 출범(2022.5)한 직후부터 이미 "대한민국은 사실상 정부 전복된 상태"라고 경고해 왔다. 대통령의 비상계엄 선포 직후 그 경고가 사실임이 드러났다. 국정원, 경찰, 검찰, 공수처 등 대통령 지휘를 받아야 할 정부기관들이 오히려 대통령에게 항명하고, 더불어민주당의 지시를 받으며 움직이는 반란적 사태가 속출한 것이다. 이는 곧 "대한민국은 사실상 정부 전복 상태에 있다"는 사실을 눈으로 확인하게 만든 사건이었다.

국정원 차장이 더불어민주당의 지시에 따라 대통령을 모함하는 거짓 메모를 작성했고, 공수처·검찰·경찰 등 수사기관은 비상계엄 선포 불과 2-3일 만에 대형 수사팀을 구성해 대통령을 긴급체포하고 내란 혐의로 수사하려 했다. 이러한 반란적 행태의 배후에는 더불어민주당의 연계망이 존재한다는 사실이 드러났다. 심지어 사법부와 헌법재판소마저 더불어민주당과 내통한 흔적이 있었다.

이처럼 정부기관 곳곳에 더불어민주당 협조 세력이 스며들어 대통령의 명령을 거부하고 반역하는 반란적 상황이 조직적으로 벌어진 것이다. 이것이 바로 정부 전복이다.

문재인정부는 국정원의 체제수호 기능을 무력화시키려 국가정보원법을 개정하여 국내정보 기능과 대공수사 기능마저 없애버렸다. 개정 이전 국가정보원법은 국내 정보 활동의 범위를 "대공, 대정부전복, 방첩, 대테러, 국제범죄조직" 다섯 가지로 규정했다. 여기서 대공은 공산주의를 막는 것이며, 대정부전복은 정부 전복을 방지하는 것이다. 즉, 공산주의와 정부 전복을 막는 것이 국정원의 본질적 존재 이유라는 뜻이다. 대통령 또한 헌법에 따라 국가 수호 의무를 부여받고 있는데, 정부 전복을 방지하는 것이 그 핵심이다.

정부 전복은 내부의 적에 의해 서서히, 그리고 은밀히 진행된다. 이는 국민 모르게 이루어지기 때문에 군사적 외부 침략보다 더 무서운 내전이다.

따라서 대한민국이 정부 전복 사태를 겪고 있다면, 이는 계엄법에 규정된 "전시, 사변, 이에 준하는 비상사태"에 해당한다. 이런 위기 상황에서 윤석열 대통령의 비상계엄 선포는 헌법과 계엄법에 위배되지 않는다.

더불어민주당은 정치 영역을 넘어 국정 전반을 좌지우지하며, 국정원·경찰·검찰·공수처·군·사법부·헌재·선관위 등 모든 국가기관에 협조 세력을 심고 장악해 왔다. 거대 정당이 국가기관을 장악하는 행태는 자유민주주의 체제에서는 결코 용납될 수 없는 일이며, 공무원의 정치 관여 금지 원칙을 정면으로 위반한 것이다. 이는 모두 처벌 대상이 된다.

이와 같은 행태는 더불어민주당이 종북좌익·좌경 정당임을 명백히 증명한다. 공산주의 국가는 공산당이 군과 정부기관, 사회단체, 기업까지 직접 감시하고 통제하는 전체주의 체제인데, 지금 그들의 모습이 바로 그것이다.

내란범 프레임 벗고 전세를 역전할 방법은?

우익 세력이 좌익의 프레임 공세에 번번이 당하는 이유는 프레임 전술에 대한 이해 부족 때문이다. 좌익이 던지는 프레임에 이성과 법 논리로만 대응하면 백전백패다.

그들이 윤석열 대통령과 국민의힘을 내란 프레임에 가두는 이유는 비상계엄이 실제로 내란이어서가 아니다. 윤석열 정권과 우익 세력을 동시에 무너뜨릴 수 있는 효과적인 무기이기 때문이다. 종북좌익 세력은 정치 공세를 벌일 때 합법성 여부를 따지지 않는다. 그들에게 중요한 것은 오직 상대를 무너뜨리는 데 효과가 있느냐 없느냐 뿐이다.

그런데 우익 세력은 이들의 주장이 왜 잘못되었는지를 반박하는 데 대부분의 에너지를 소진한다. 이제는 그들의 주장이 진실인지 거짓인지 입증하는 데 시간과 에너지를 낭비하지 말아야 한다. 오히려 그들이야말로 내란 세력임을 증명하는 역프레임을 만들어 국민에게 전파하는 데 집중해야 한다.

더불어민주당 등 종북좌익세력이 내란세력인 근거

더불어민주당은 종북좌익·좌경세력의 중심 정치세력으로 본다. 종북좌익·좌경 세력이란 북한을 추종하고 자유민주주의 체제를 허물며 공산주의·사회주의 체제를 지향하는 세력과 그 우호 세력을 말한다. 이들은 정부 전복을 위해 협조 세력을 정부 내로 침투시키고, 결정적 순간 동시 행동으로 정국을 전환하는 프로세스를 갖고 있다. 이러한 준비 과정을 거친 종북좌익·좌경 세력은 윤석열 대통령의 비상계엄 선포를 계기로 "이때다" 하며 정부 내 침투 세력을 총동원해 정부 마비·전복을 시도하고 대통령 체포 국면까지 몰고 갔다고 판단한다.

그러므로 더불어민주당 등 종북좌익세력이 내란 세력임을 입증하려면, 우선 이들의 공산·사회주의 사상과 혁명을 추구해 온 역사적 과정을 밝히는 것부터 시작해야 한다.

첫째, 종북좌익 세력이 신봉하는 공산주의·주체사상은 본질적으로 혁명 사상이다. 종북좌익 세력은 자유민주주의 대한민국 체제를 무너뜨리기 위해 지속적으로 활동해 온 내란 성격의 세력으로 본다. 그런 세력이 내란 방지의 책무를 수행하는 윤석열 대통령을 오히려 내란 세력으로 몰아가는 것은 적반하장에 가깝다.

공산주의는 노동자 계급을 선동해 자본주의 체제를 전복하려는 프롤레타리아 혁명 이론이다. 러시아·중국·베트남 등 공산국가들은 기존 정권을 무너뜨린 혁명을 통해

공산혁명 의식, 버젓이 살아 있다

2015년 10월, 정부서울청사 앞 국정교과서 반대 피켓시위 통진고 3학년 학생은 **자신은** **"프롤레타리아 계급"** 이라고 한 후 **"사회구조와 모순을 바꿀 수 있는 것은 오직 프롤레타리아 레볼루션(혁명) 뿐"**

2016년 11월 박근혜 퇴진 촛불시위 시 현수막 **- "중고생이 앞장서서 혁명정권 세워내자"**

성립했다. 남한의 종북 세력도 북한의 지령에 따라 대한민국 자유민주주의 체제를 전복하려 해 온 북한식 공산혁명 세력이다. 따라서 종북좌익 세력은 체제 전복을 노리는 혁명 세력이자 내란 세력으로 볼 수밖에 없다.

둘째, 2024년 4.10총선 전략은 그들의 내란 의도를 가늠하게 한다. 더불어민주당은 총선 과정에서 여러 좌익·좌경 정당들과 연대·연합 공천 전략을 구사했는데, 이는 총선 이후 대통령 퇴진을 추진하고 정권을 장악하려는 의도와 맞닿아 있다고 본다. 특히 더불어민주당이 촛불 세력을 공천 과정에서 배려한 점은, 총선 이후 윤석열 퇴진 투쟁을 독려하기 위한 포석으로 해석된다.

셋째, 촛불 세력의 윤석열 탄핵 투쟁은 사전에 정교하게 준비된 내란적 행위로 평가된다. 촛불 세력은 2022년 대선에서 윤석열 대통령 당선 직후 '촛불행동'을 결성해 탄핵에 이르기까지 180여 회 전국 시위를 주도했다.

더불어민주당도 이들을 지원해 2024년 총선에서 비례정당에 포함시키고 4석을 배정했다. 이는 단순한 배려가 아니라 '한 몸통'에 가까운 연계로 볼 수 있으며, 총선 후 탄핵 투쟁을 적극화하기 위한 사전 준비로 해석된다. 대통령 탄핵은 비상계엄 때문에 갑자기 생긴 일이 아니라 총선 시점부터 준비된 내란 사태에 가깝다.

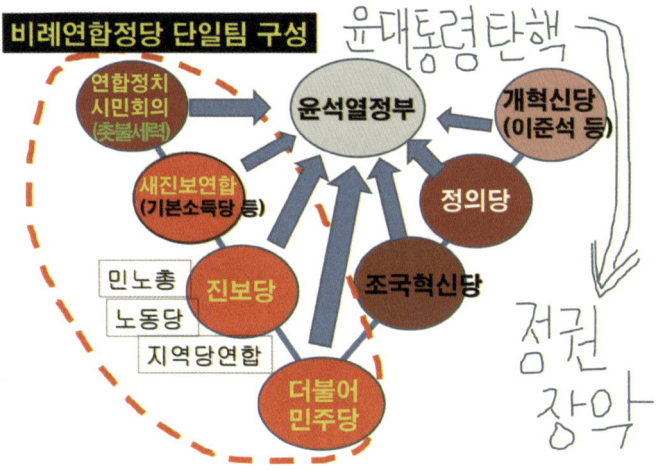

넷째, 더불어민주당을 실질적으로 지탱하는 세력의 실체를 밝히는 일이 필요하다. 국회를 장악한 더불어민주당과 진보당 등에는 이석기의 경기동부연합·한총련 등

통합진보당 계열이 주도적 역할을 해 온 것으로 알려져 있다. 통합진보당은 2014년 12월 헌법재판소 결정으로 해산된 위헌 정당이며, 이를 주도한 경기동부연합은 반체제 성격이 이미 확인된 바 있다.

이들의 혁명 시나리오는 '대통령 퇴진 → 정부 전복 → 정권 장악 → 개헌 → 체제 전복 → 국가 전복'으로 이어진다. 대통령을 끌어내리고 체제를 뒤집으려는 목적은 다수의 사례와 정황 증거로 뒷받침된다.

따라서 헌법상 국가 수호 의무를 지닌 대통령이 이러한 혁명 기도를 알고도 방치한다면, 헌법적 책무를 저버렸다는 비판을 면하기 어렵다. 비상계엄의 목적은 이 맥락에서 정당성을 갖고, 대통령을 내란범으로 모는 것은 본질을 왜곡하는 주장이다.

이재명정권, 윤석열 대통령에 외환죄 프레임 덮어씌우려

이재명정권은 윤석열 대통령을 내란죄뿐 아니라 외환죄로 엮기 위해 집요한 노력을 하고 있다.

특검이 무리하게 오산 미 공군기지를 압수수색한 조치 역시 그 일환으로 본다. 북한 평양 상공에서 무인기 1대가 추락한 사건을 빌미로 북한 상공 드론 궤적을 추적해, 윤석열 대통령이 북한을 자극해 전쟁을 유도했다는 근거를 찾으려는 과잉 수사라는 판단이다. 결국 윤석열 대통령을 내란죄와 외환죄로 엮어 처단하려는 목적이라는 점은 명백하다.

내란죄가 국가 내부로부터 국가의 존립과 헌법 질서를 위태롭게 하는 범죄라면, 외환죄는 국가 외부로부터 국가의 존립과 헌법 질서를 위태롭게 하는 범죄를 통칭한다. 쉽게 말해 외환죄는 적국·적대 단체 등 대한민국 밖의 적대 세력을 끌어들여 국가 전복을 꾀하는 중대 범죄로서, 사형·무기징역 등 가장 엄중한 처벌을 받는다.

이는 외환죄 구성 요건을 무리하게 끼워 맞춘 해석이다. 그런 식의 수사라면, 오히려 이재명과 더불어민주당 측에 대해 더 중한 외환 관련 책임 검토가 먼저 이뤄져야 한다고 본다.

대한민국세력은 윤석열 대통령을 향한 외환죄 프레임을 반드시 벗겨 주어야 한다. 이 문제는 윤석열 대통령 개인의 문제가 아니라, 대한민국 자유민주주의 체제의 생사에 관한 문제다. 국민의힘도 "그건 윤석열 대통령 개인의 문제다"라고 방치해서는 안 된다. 그렇게 두면 그 화살은 곧 국민의힘과 대한민국세력 전체를 향하게 된다.

어떻게 하면 윤석열 대통령의 외환죄 프레임을 벗길 수 있는가? 이 또한 내란죄와 마찬가지로 역프레임으로 공세를 취해야 한다.

박근혜 탄핵사태시 북한 지령과 더불어민주당 혁명의 꿈

북한은 대남공작을 통해 촛불시위와 선거 국면을 활용해 우익 정권을 무너뜨리고(정부 전복), 종북 정권을 수립하려는 공작을 지속해 왔다. 2008년 '광우병 촛불시위'는 이명박 정권을 흔들기 위한 시도였고, 2014년 세월호 시위, 2016년 10월부터의 촛불시위와 대통령 탄핵

역시 박근혜 정권을 붕괴시키기 위한 흐름이었다. 각 단계에서 북한의 개입 정황이 포착되었다. 2024년 12월부터 시작된 윤석열 대통령 탄핵과 대선 과정에서도 상당한 개입 정황이 보고되었다.

이처럼 북한은 남한의 주요 정치 사건에 개입하지 않은 사례가 찾기 어려울 정도로 드물다. 이러한 북한의 정부 전복 시도에 더불어민주당·통합진보당 등 좌익 정당들은 각기 다른 방식으로 참여하거나 호응해 온 정황이 있다.

일례로 2016년 12월 박근혜 대통령 탄핵 사태 때도 북한의 지속적 정치공작이 있었고, 더불어민주당의 동조로 해석될 수 있는 움직임이 이어졌다. 북한 조평통은 2016년 3월 4일 처음 '박근혜 처단'을 언급했고, 이후 선전매체를 통해 '박근혜 탄핵' 구호를 확대 전파했다. 같은 해 6월 24일에는 중단됐던 난수방송(간첩지령 송출)을 재개했다. 이어 7월부터 국내 방송에서 미르재단 문제가 본격 거론되기 시작했고, 더불어민주당은 8월 중순 최순실 TF를 구성해 정치적 대응에 나섰다. 9월엔 정유라 승마 문제가 부각되었고, 10월 들어 '대통령 연설문 수정' 의혹으로 비화되었으며, 10월 24일 JTBC의 태블릿PC 보도를 기점으로 정국이 급변했다.

이후 대통령 퇴진·탄핵 사태는 걷잡을 수 없이 확산됐다. 2차 촛불시위(11.5)를 앞둔 11.3에 더불어민주당 소속 박원순 서울시장은 "대통령 하야 후 정부 해체, (초헌법 기구인) 비상시국회의 설치"를 제안했다. 혁명 정권 등장 조짐으로 읽힐 수 있는 대목이었다. 11.5(토) 서울시청 앞에서는 "중고생이 앞장서 혁명정권 세워내자"라는 구호가 등장하는 등, 촛불의 동원을 정부 전복 시도와 접목하려는 행보가 나타났다.

또한 국회 탄핵소추 이후 헌법재판소 심리로 넘어가자, 12.16 더불어민주당 대표 문재인은 "헌재가 탄핵을 기각하면 혁명밖에 없다"고 발언했다. 합법적 탄핵이 관철되지 않을 경우 혁명정권을 거론한 것으로, 탄핵 실패 시 비상한 방식의 정권교체도 고려하고 있었음을 시사

광화문 곳곳, 붉은 혁명 분위기 고조

"중고생이 앞장서서 혁명정권 세워내자" (11.5)

"정권교체가 아닌 체제교체", "문제는 자본주의"

문재인 더불어민주당 대표, "헌재가 탄핵을 기각하면 혁명 밖에 없다" (2016.12.16)

한다. 더불어민주당 역시 혁명·내란 가능성을 배제하지 않았다는 해석이 가능하다.

북한의 윤석열 탄핵 공작과 더불어민주당

지난해 윤석열 대통령 탄핵 사태에서도 북한의 지속적인 대남 공작과 선전·선동이 이어졌다. 북한이 이른바 '민노총 간첩단' 사건 관련 지령문(2022)에서 윤석열 대통령 탄핵을 목표로 한 정치 공작 지침을 제시한 정황이 확인된다.

"윤석열과 일가 족속, 측근들의 정치 추문과 부정부패 행위들을 집요하게 물고 늘어지면서, 법적 처벌을 요구하는 압박 공세를 지속적으로 강화하여 윤석열 탄핵 투쟁의 불씨를 피우고, 제2의 촛불 항쟁 때와 같은 대중적 항거 기운을 조성하라."

이에 촛불행동 등은 윤석열 정부 출범과 동시에 퇴진 촛불 시위에 나섰고, 대통령 탄핵에 이르기까지 전국적으로 180여 회를 개최했다. 이 과정의 주요 주도 인물로 지목되는 이는 김민웅으로, 이재명 정권 총리로 임명된 김민석의 친형이다.

촛불행동·민노총 등이 퇴진 운동을 전개했지만, 정치 영역에서 탄핵 추진을 주도한 세력은 더불어민주당이 있다. 비상계엄을 계기로 탄핵소추를 밀어붙이고, 헌법재판소 파면과 6·3 대선을 통해 대통령 교체를 관철하는 컨트롤타워 역할을 수행했다.

이재명 및 더불어민주당과 북한과의 연계성 의심 사례

이재명 자신이 북한과 통모 또는 연계한 것으로 의심되는 사안이 여러 건 있다. 쌍방울을 통해 800만 달러 대북 송금(2018.12~2019.1)이 이뤄졌다는 의혹이 대표적이다. 다만 거액이 북한에 전달된 목적은 명확히 확인되지 않았다. '스마트팜 조성' '이재명 지사 방북' 등의 취지로 설명됐으나, 방북해 무슨 협상을 추진하려 했는지 구체적 내용은 확인되지 않았다.

대북 송금 이듬해(2020.7), 충북동지회 간첩단이 북한 공작기관(문화교류국)에 보낸 통지문이 있었다는 수사·보도 자료가 존재한다. 그 문건에는 '이재명 경기지사가 민주진보개혁세력의 대선 후보가 될 수 있도록 본사의 적극 조치를 요청한다'는 취지의 내용이 담겼고, 이에 대해 북한 공작기관으로부터 '이재명이 통일 대통령이 될 수 있겠는가 하는 문제도 있으니 기다려 달라'는 답신이 있었다는 정황이 제시된다.

이는 2022년 대선 후보 문제를 둘러싼 협의로 해석될 수 있다. 국내 대선 후보 선출 문제에 간첩단이 북한 공작기관과 연계·교신한 정황이 사실로 확정될 경우, 이는 헌정 질서를 심각히 위협하는 사안으로서 외환죄 구성 요건에 해당할 소지가 있다.

아울러 충북동지회 일원이 더불어민주당 송영길 당시 외통위원장과 직접 만나 밤나무 묘목 100만 그루 북송 등 대북 지원 문제를 협의했다는 증거가 제시된 바 있다.

2012년 총선을 앞두고도 북한의 대남 공작망과 야당이 직·간접적으로 연계된 것으로 추정되는 정황이 있다. 북한 공작기관(225국)은 인천 지역을 거점으로 활동하던 왕재산 간첩단에 2012년 야당 총선 전략 지령을 내렸고, 그 핵심은 '민주노동당을 통합진보정당(통합진보당 의미로 이해)으로 개편하고, 통합진보정당은 민주당과 야권 연대를 성사시킬 것'이었다.

실제로 총선 한 달 전 통합진보당은 민주통합당과 야권 연대(후보 단일화)를 성사시켰고, 총선에서 큰 성과를 거두었다.

만약 총선 직후 통합진보당 내분 사태가 없었다면 야권 연대는 같은 해 12월 대선까지 이어져 통합진보당(이석기)과 민주당(문재인)의 공동 정권 성립 가능성이 제기될 상황이었다.

이와 같은 북한 공작기관의 2012년 총선 개입 정황은 대한민국의 헌정 질서를 중대하게 위태롭게 한 사건으로 평가된다.

더불어민주당, 중국 공산당의 정치공작과 연계성 없나?

미국 정보기관 출신 존 밀스 대령은 대선 감시 활동 결과를 보고한 6월 26일 기자회견에서, "한국 선거에 중국의 개입이 있었다"고 주장하며 그 배후로 중국 공산당 최고 전략가 왕후닝(당 서열 4위)을 지목했다.

더불어민주당과 문재인 정부가 선거와 관련해 중국 공산당과 내통했다는 의혹도 지속적으로 제기돼 왔다. 예컨대 더불어민주당 2020년 총선 기획을 맡았던 양정철 민주연구원장은 총선 전인 2019년 7월, 중국 공산당의 싱크탱크이자 당 간부 양성기관인 중앙당교를 방문해 정책 협약을 체결하고 협의한 바 있다.

특히 이번 비상계엄 시 중국 해커 체포 등 중국의 선거 개입 정황이 사실로 확인될 경우, 대한민국의 친중 성향 정치 세력에 대해 국헌 문란 및 외환죄 성립 여부에 대한 법적 검토와 처벌 논의가 불가피해진다.

CONTENTS
차례

대한민국세력의 체제전쟁 대역전 전략

체제전쟁
마스터플랜

"도대체 무슨 일이야?"

전 국민과 세계가 놀랐다.
지금까지 대한민국은 건강한 자유민주주의가
유지되는 줄 알았는데,
대통령의 비상계엄 선포로 사태의 심각성을
깨닫게 된 것이다.

윤석열 대통령과 자유민주세력에게 덮어씌우는 내란 프레임을 벗기고 종북좌익 세력이 내란세력임을 정확히 이해하려면, 대한민국이 그동안 겪어온 체제전쟁의 실상을 있는 그대로 살펴보아야 한다. 마음의 문을 열고 "무엇이 문제였나?" 고민하면서 읽어보아야 할 것이다.

(1) 체제전쟁이란 무엇인가?

체제전쟁이란 사상이 다른 세력 간에 국가의 통치체제를 어떻게 할 것인가를 둘러싸고 벌이는 사상전쟁(이른바 이념전쟁)을 말한다.

사회주의·공산주의 세력, 즉 좌익세력은 대한민국의 자유민주주의 체제를 무너뜨리고 사회주의·공산주의 체제로 바꾸려는 세력이다. 자유민주주의 세력, 즉 우익세력은 공산화를 반대하며 자유민주주의 체제를 유지하려는 세력이다. 좌익세력이 승리한다면 대한민국은 공산체제로 바뀔 것이고, 우익세력이 승리한다면 대한민국은 자유민주주의 체제를 유지할 것이다. 지금 대한민국은 체제를 선택하는 분기점에 서 있다.

대한민국은 원래 우익세력(자유민주주의 세력)의 나라였는데, 1980년대 대학가에서 양산된 주사파 등 종북 공산세력이 40여 년간 세력을 넓혀 국가 주도권을 장악함으로써 좌익의 나라처럼 역전되고 있는 것이다. 그것도 국민들이 모르는 사이에 말이다. 현 체제전쟁 양상은 정권을 주도하는 좌익세력에 대해 우익세력이 주도권을 되찾으려 힘겹게 도전하는 형세다.

대한민국의 체제전쟁은 단순히 국내 좌·우 세력만의 대결이 아니다. 종북 좌익세력의 배후에는 북한과 중국 공산 세력이 합세하고 있다. 그러므로 대한민국은 크게는 북한·중국 공산당으로부터 위협을 받고 있고, 좁게는 대한민국 내 종북·친중 반대한민국세력으로부터 위협을 받고 있는 상황이다.

체제전쟁은 정말 무섭고 두려운 것

체제가 바뀌는 것이 얼마나 무서운 사태인지는 겪어보지 않은 사람은 잘 모른다. 상상도 할 수 없는 비극이 일어나는데, 베트남 공산화 과정에서 나타난 보트피플과 정치범 수용소의 실상, 캄보디아 공산화 과정을 적나라하게 보여주는 영화 '킬링 필드', 그리고 집단 학살 희생자들의 유해 전시실이 공산주의의 비극을 말없이 증언하고 있다.

우리나라에서도 6·25전쟁을 통해 체제전쟁의 비극을 경험한 바 있다. 당시 공산주의 좌익 세력의 잔혹성을 직접 겪은 노인들은 아직도 살아서 증언하고 있다. 이들은 한결같이 "나는 6·25를 겪어서 아는데, 공산주의는 안 돼. 우리는 죽어도 되지만 우리 손자·손녀들이 살아야 할 이 나라가 공산화되면 안 돼"라고 말한다.

『능라도여관: 한·미 첩보전 산실』의 저자 김인호 씨도 6·25전쟁을 통해 공산주의가 얼마나 잔혹한지를 경험한 사람이다. 그는 전쟁 당시 함흥교화소(교도소)에 갇혀 있다가 미군의 북진으로 처형 직전 가까스로 풀려났다.

그는 풀려난 뒤 시체 발굴 단원으로 활동했는데, 북한 정권이 집단 학살한 우익 주민들을 동굴 속에서 꺼내는 일이었다. 함흥에는 동굴이 많았고, 동굴마다 시신이 가득했다고 한다. 규모도 수백 구에서 6천 구, 8천 구까지 다양했다.

증언자들에 따르면, 북한군은 미군이 북진하자 후퇴하면서 마을마다 처형장을 만들고 '반동분자'로 지목된 사람들을 줄줄이 체포해 집단 처형했다고 한다. 함흥에서

함흥 시체발굴단 김인호 씨의 의문

"왜 공산당 빨갱이들은 이런 끔찍한 학살을 한 것일까?
무슨 이유로 천인공노할 잔인한 짓들을 한 것인가?
이게 모두 전쟁 탓이란 말인가?
아니다. 분명 전쟁 탓만은 아니다."

도 각 지역에서 체포해 온 '반동분자'들을 동굴에 몰아넣은 뒤 입구에 다이너마이트를 설치해 폭파로 질식사시키는 방식이 동원되었다고 증언한다.

김인호 씨는 "끔찍하고 셀 수도 없는 시신들을 눈으로 보면서 머리가 빙글빙글 돌 지경이었고, 눈으로 보면서도 꿈속이 아닐까 혼동이 일어났다. 자기 뺨을 꼬집어 보고서야 현실이라는 것을 알았다"고 고백했다. 그는 이 참혹한 현실을 겪으며 스스로에게 물었다. "왜 공산당[공산 세력]은 이런 끔찍한 학살을 했을까? 무슨 이유로 천인공노할 잔인한 짓을 저질렀는가? 이게 모든 전쟁 탓인가? 아니다. 분명 전쟁 탓만은 아니다."

그렇다. 무고한 양민을 이토록 잔인하게 집단 학살로 몰아넣은 근본 원인은 공산주의 이념이었다. 그 이념 속에는 폭력을 정당화하는 논리와 증오의 심리가 내재한다. "노동자·농민이 가난한 것은 부자들의 착취 때문이다. 지주와 자본가를 제거하라. 그러면 평등한 세상이 온다."

러시아(소련)가 공산국가가 된 이후 동구 공산정권이 붕괴하던 1990년 전후까지, 전 세계 공산정권에 의해 희생된 사람은 1억 명 이상으로 추산된다. 프랑스 학자 11인이 집필한 『공산주의 흑서』(1997)에 따르면, 구소련(스탈린 등) 2,000만 명, 중국 마오쩌둥 6,500만 명, 베트남 100만 명, 북한 200만 명(아사자 제외), 캄보디아 폴 포트 정권 200만 명, 아프리카 1,500만 명 등이다. 실제 희생 규모는 이보다 더 많았을 가능성이 크다.

남민전은 1979년 적발된, 김일성 주체사상을 추종하며 북한식 통일을 기도했던 지하 공산 혁명 단체다. 남민전 주모자였던 김남주 시인은 "남한에서 혁명이 일어나면 200만 명 정도는 죽여야 한다"고 했다. 이는 김남주로부터 공산주의 교육을 받았다고 밝힌 김정익이 전향 후 쓴 자서전 『어느 좌익사상범의 고백, 수인번호 3179』에 기록돼 있다.

"남조선에서 민중혁명이 일어나면 최우선적으로 해야 될 일은 이 사회의 민족반동세력을 철저히 죽여 없애는 것이다. 그 숫자는 적어도 200만 정도는 될 것이다. 그래야만 혁명이 완전하게 완수할 수 있기 때문이다. … 200만이라는 숫자가 엄청날 것 같지만 인류 역사적 관점에서 본다면 그렇게 중요한 것이 아니다. (저자 주: 인류 역사적으로 공산주의가 1억 명 이상이나 학살했으니, 200만이 별것 아니겠지.) 우리 민족 전체를 놓고 볼 때에 그것은 소수에 불과하다. 우리에게 적은 수의 반동의 피는 필수불가결하다."

김정은의 아버지 김정일도 남한을 공산화할 때 '자기가 먼저 점령사령관으로 가겠다'고 하면서, "1,000만 명은 이민 갈 것이고, 2,000만 명은 숙청될 것이며, 남은 2,000만 명과 북한 2,000만 명만으로 공산주의 국가를 건설하면 될 것이다."라고 말했다고 전해진다.

(2) 체제전쟁의 역사
우리나라는 체제전쟁을 심하게 겪은 나라다
우리는 이미 사상전쟁, 체제전쟁을 극심하게 겪은 나라

이다. 공산주의 사상이 러시아로부터 들어온 것은 1918년이다. 이후 공산주의 세력과 반공주의 세력 간 치열한 사상전쟁을 벌여 왔는데, 지금까지 100여 년의 세월이 흘렀다. 그래서 좌·우익 간 사상전쟁을 '백년전쟁'이라고 표현하기도 한다.

특히 일본으로부터 해방된 1945년 8월부터 대한민국이 건국된 1948년 8월까지 3년 동안 공산주의·사회주의 좌익과 자유민주주의 우익 간 치열한 사상전쟁, 체제전쟁을 벌였다. '공산주의 체제의 나라를 만들 것인가, 반공 자유민주주의 체제의 나라를 만들 것인가'를 두고 벌인 건국전쟁이었다. 해방 직후 좌익세력이 일으킨 대구폭동(1946.10), 대한민국 건국을 방해하기 위해 좌익들이 일으킨 제주 4·3 사건(1948.4), 대한민국 건국 직후 14연대 좌익 병사들이 일으킨 여순반란사건(여수 14연대 반란사건, 1948.10) 등이 대표적이다.

이런 좌익세력의 반란 사건들을 통해 알 수 있는 것은 '거센 좌익세력의 도전 앞에 미국의 도움으로 참 힘들게 대한민국이 건국되었구나' 하는 점이다. 더구나 건국된 지 불과 1년 10개월 뒤 북한 김일성이 기습 남침했고, 6·25전쟁이 터졌다.

김일성이 남침전쟁을 일으킨 것은 남한 좌익 때문

6·25전쟁은 김일성이 남한을 공산화하기 위해 일으킨 전쟁이었는데, 김일성이 남침을 결심한 결정적 이유는 무엇이었는가?

바로 남한의 지하 공산당인 남로당과 민간 좌익 세력 때문이었다.

남한의 남로당을 지휘·통제하던 박헌영은 당시 북한에 있었고, 그는 김일성을 지속적으로 설득했다. 자신이 조직한 20만 남로당원이 있으므로 전쟁을 개시해 서울만 점령하면 20만 남로당원들이 빨치산 활동을 전개해 순식간에 남한 점령을 완료할 수 있다고 장담했다. 김일성은 이 말을 믿고 박헌영과 함께 두 차례나 소련 스탈린을 찾아가 설득했고, 승낙을 얻어 전쟁을 개시할 수 있었다.

김일성, 6.25전쟁 전 소련 방문(1949.3)

소련의 통치자 스탈린에게 전쟁 허락을 받으러 모스크바에 도착한 김일성(2번째)과 박헌영(3번째)

전쟁 개시 1개월 10일 전인 5월 17일, 전군 주요 지휘관 회의를 열었는데, 여기서 박헌영은 이렇게 힘주어 말했다. "인민군이 서울만 점령하게 되면 지하에 잠적한 20만 남로당원이 들고일어나고, 인민이 봉기해 남한의 잔여 지역을 해방시킬 것이다. 그 이후 인민군의 진격은 해방된 지역을 향한 승리의 행진이 될 것이다."

이렇듯 6·25전쟁은 남한 내 좌익 세력을 철저히 고려하고 기획된 전쟁이었다. 남한의 좌익 세력이 없었다면 김일성이 남침 결심에 이르기 어려웠을 것이다. 스탈린을 설득하지도 못했을 것이다.

사흘 만에 서울을 점령한 김일성은 방송을 통해 남로당과 남한 좌익을 향해 외쳤다.

"모든 역량을 빨치산 활동으로 전개하여 후방을 교란하고, 도처에서 인민 폭동을 일으켜 군수 물자 수송을 방해하라."

김일성은 서울을 점령한 뒤 곧장 남하하지 않고 사흘간 서울에 머물렀다. 왜였을까? 북한군 부참모장을 지낸 김상조가 소련 망명 후 한국에 와서 증언했다. 김일성이 서울에 사흘간 지체한 것은 박헌영의 말을 철석같이 믿고 남로당의 반란을 기다렸기 때문이라는 것이다. 그러나 기대했던 남로당의 반란은 일어나지 않았다. 1949년 한 해 동안 이승만 정부가 좌익 소탕 작전을 통해 남로당 조직을 사실상 붕괴시켰기 때문이다.

김일성이 남로당 봉기를 기다리며 사흘을 서울에서 지체한 덕분에, 우리와 미군은 북한군과 맞설 전투 태세를 갖출 수 있었다.

국민들, 6.25전쟁 통해 체제전쟁의 무서움 깨닫다

6·25전쟁은 단순한 국제전쟁이 아니었다. 군인들 뿐만 아니라 남북 좌-우익 민간들도 참전한 처절한 내전이기도 했다. 북한군과 중공군 등 공산국 군대와 대한민국 국군과 유엔군 등 자유우방국 군대간에 전투한 국제전이기도 했지만 동시에 대한민국 내 좌익 국민과 우익 국민 간에도 서로 죽이고 죽는 잔혹한 내전이었다. 6.25전쟁은 대한민국을 공산주의체제로 만들려는 세력과 자유민주주의체제를 수호하려는 세력간에 벌인 처절한 제2차 체제전쟁이었다.

당시 북한군이 마을에 나타나자, 좌익주민들은 북한군 환영대회를 개최하고 붉은완장을 차고 북한군 앞잡이(부역자) 노릇을 했다. 이들은 북한군의 지시를 받아 반동분자라며 우익세력을 체포 학살하는 데 앞장섰다. 남한 좌익분자들은 치안대를 중심으로 지역 주민들 중 살해해야 할 인사들의 명단인 살생부를 작성하였다.

살해 대상자는 경찰·경찰가족, 군인가족, 공무원가족, 반공 우익인사, 지주, 자본가 등 대한민국 수호세력이었고, 이들을 '악질 반동분자'라 매도하였다. 북한군은 해당 마을 인사들의 사상 성향을 잘 모르기 때문에 지역거주 좌익분자들(동네 좌익, 바닥빨갱이)이 살생부를 작성했다. 그 동네 좌익들은 누가 경찰가족이고 군인가족인지 잘 알기 때문이었다.

좌익분자들은 살생부에 오른 대상자들을 가가호호 다니며 색출, 체포하는 역할도 담당했는데, 그들이 어디에 숨어 있을지 가장 잘 알기 때문이었다. 그들은 가두선전을 통해 자수를 종용하는 역할도 담당했다. 이들은 살생부 대상자들에 대한 인민재판 또는 무단 처형을 주도했고, 북한군보다 더 잔인한 악행을 저지르기도 했다. 그래서 당시를 겪은 사람들은 "그때가 되니 이웃이 더 무섭더라", "북한군보다 바닥빨갱이가 더 무서웠어"라고 말하는 것이다.

북한점령시 마을 인민재판, 즉결 처형

서울

인천상륙작전 이후 전세가 역전되었고, 북한군이 북으로 후퇴하기 시작했다. 김책 전선사령관은 그동안 체포해두었던 우익인사(반동분자)들을 집단학살할 것을 지시했다. 이에 대전형무소 6,000여명, 전주형무소 1,000여명, 각 내무서(우리의 경찰서) 유치장에 가두어두었던 인사들을 집단학살하였다. 이들을 학살하는데도, 각지 마을에서 체포한 것도 남한 좌익들이 주도적 역할을 하였다.

북한군 후퇴 시, 감금 인사 대량 학살

전국의 **형무소**(현 교도소), **내무서**(북한 경찰서)에 체포해둔 **(반공)인사**들을 **반동분자**로 몰아 집단학살 후 북으로 후퇴

김책 전선사령관, 9.20 반공인사 학살 지시

대전형무소 집단 학살(6,000여명)

서울수복(9.28)과 함께 북한군은 북으로 후퇴하자, 3개월 동안 북한군 앞잡이 노릇을 하며 많은 악행을 저질렀던 마을 좌익들이 미치기 시작했다. 이들은 북한군 점령하 자신들의 악행을 감추기 위해 우익 유가족들을 집단학살하기 시작했다.

서울 수복(1950.9.28) 이후 후방 지역의 마을 우물가·개울가·방공호 등지에서 우익 가족을 대상으로 한 집단 학살 사건이 발생했다는 기록과 증언이 있다. 이러한 학살은 전라남도, 특히 영광군·신안군 일대에 집중되었다는 자

빨치산 소년단 출신 김서용씨의 증언

9.28수복 이전에는 학살이 별로 없었어. 인민군이 가면서 방송에 나왔다지. .... **무자비하게 숙청하라는 방송**이 있었다더군. 생산유격대나 빨치산들이 그 이야기를 하더라니까. **국군이 오고 미군이 오고** 하면서, 당시 우익 유가족들이 다 보복을 한다 이거야. 그러니까 다 죽이라는 거였지.

빨치산은 **보복을 막으려면 씨를 말려야** 한다면서 일가친척들까지 모조리 잡아다가 죽였어요. .... **갓난애들은 자루에 담아서** 그냥 던져 버렸구요.

빨치산들에 의해 처형 명령이 내려진 사람들을 처형하기 위해 **개울가**로 데려가다 보면, **이미 80%쯤은 죽은 사람**이 되어 있었던 걸로 기억이 나요. **공포에 정신이 혼미**해진 거죠.

료와 증언들이 있으며, 영광군에서만 희생자가 수만 명에 이른다는 주장도 제기되어 왔다.

영광군, 신안군 등 교인들 학살(10월)

염산교회 교인 77명 학살
(김방호 목사 가족 8명)

야월교회 교인 65명 전원 학살

문준경 전도사 순교 : 10.5

6.25전쟁 이후 반공의식이 대한민국 부흥을 이끌었다

국민은 6·25전쟁을 통해 참혹한 고통을 겪었지만, 그 과정에서 "공산주의는 안 된다"는 확고한 반공의식이라는 교훈을 얻었다. 이를 계기로 대한민국은 자유민주주의 우익의 나라로 바로 설 수 있었다.

이승만 정부는 '멸공', 박정희 정부는 '반공'을 내세웠고, 전쟁의 체험을 가진 국민은 이 정신을 적극 수용했다. 특히 박정희 대통령은 '공산주의를 이기려면 잘 살아야 한다'는 신념으로 경제 개발에 박차를 가해 오늘날의 부국 기반을 닦았다.

(3) 주사파의 탄생과 확산

종북 주사파의 등장과 반미운동의 시작

전두환 정부가 출범한 1980년 초, 대학가에서 좌익 운동권이 서서히 등장하기 시작했고, 1985년경에는 김일성주의(주체사상)를 추종하는 주사파가 본격 등장했다. 이들은 북한이 송출한 대남방송('구국의 소리 방송')을 통해 주체사상을 수용했고, 이를 문건화해 대학가에 퍼뜨렸다. 1986년부터 서울대 등 주요 대학에서 주사파가 급격히 확산되었고, 그해 말경에는 좌익 운동권의 주류로 자리 잡았다.

1980년대 후반 대학가는 북한 인공기를 걸어 놓고, 등교 후 전날 북한 대남방송 내용을 토론하며 하루를 시작하는 모습까지 나타났다. 주사파는 "양키 고 홈"을 외치며 대학교 정문 바닥에 성조기를 그려 등하교하는 학생들이 그것을 밟고 지나가도록 하는 퍼포먼스를 조직했다. 이는 "미국은 밟혀야 마땅한 나라"라는 인식을 은연

1980년대 후반 대학가의 모습은?

"위수김동" ('위대한 수령 김일성 동지'), **"친지김동"** ('친애하는 지도자 김정일 동지')을 상용어로 사용

중에 심어 주려는 심리전의 일환이었다.

대학 총학생회는 김일성주의자 등 좌익 운동권의 거점으로 변모했다. 이러한 분위기는 동구 공산권 붕괴(1990년대 초반)까지 이어졌다.

종북 주사파, 졸업 후 사회로 진출해 진지들을 장악

1986년부터 1990년대 초반까지 대학가에서 집중적으로 양산된 주사파들은 대학을 졸업한 후 기업의 노동자, 교사, 교수, 언론인, 변호사, 작가, 연기자 등 다양한 분야로 진출했다. 이들은 진출한 분야에서 전교조, 민변, 민주노총 등 좌익단체를 결성하는 등 세력을 넓혔다. 이들은 1990년 전후 동구공산권 붕괴와 1990년대 중반 북한의 대량아사사건 등을 겪으며 충격을 받기도 했으나 포기하지 않고 세력을 강화했다.

2000년 들어 종북 주사파세력은 정치적, 사회적 주도권을 장악하기 위한 노력을 했다. 좌경 성향의 김대중 정부(1998-2002)와 노무현 정부(2003-2007)의 우호적 여건

하에서 세력이 급성장하였다. 이후 등장한 우경성향 이명박 정부(2008-2012)와 박근혜 정부(2013-2016)의 사상적 무지와 유약함을 악용해 세력을 더욱 넓혔는데, 때로는 정부를 위협하고 때로는 속이면서 진지를 더욱 장악해 간 것이다.

종북 주사파, 2000년대 이후 본격 정권 장악에 나서

종북 주사파세력은 2000년 이후 국가 주도권을 장악하기 위해 투(two) 트랙 전략으로 나아갔는데, 좌익 재야단체들이 중심이 된 광장 촛불시위와 주사파 정치세력의 정당 진입이었다.

종북 주사파세력은 대규모 광장 시위를 통해 반미, 반보수, 반정부 감정을 자극하고, 공권력 무력화를 겨냥한 투쟁력을 과시하였다. 2002년 효순·미선 사건(의정부 여중생 미군 장갑차 압사 사건), 2008년 미국산 쇠고기 수입 반대 시위(일명 '광우병 사태'), 2014년 세월호 사건, 2016년 박근혜 대통령 퇴진 촛불시위 등이 대표적이다.

미장갑차 여중생사건 반미시위 (2002)

2002년 12월 15일, 서울시청 앞 광장 –
'주권회복의 날', SOFA 개정 촉구

2002년 12월 광화문

실천연대 노래패 '우리나라'
가 **"주한미군 철거가"**
"탱크라도 구속해" 등 반
미감정을 자극하는 노래를 부
르고 있다.

다른 하나는 종북 주사파세력이 합법 정당으로 진출하
여 정치 권력을 장악해 간 것이다. 주사파들은 김대중·
노무현 정부를 거치면서 정당 내부로 점차 깊숙이 진입
했다. 1980년대 종북 주사파인 전대협 세력은 민주당
쪽으로, 1990년대 한총련 세력은 민주노동당(민노당) 쪽
으로 들어갔고, 2011년 말 통합진보당으로 개편했다.
이렇듯 주사파가 정치권으로 진입한 결과, 오늘날과 같
은 국회 내 영향력의 대폭 확대에 이르렀다.

왜 국민들은 주사파의 실체와 위험성을 잘 몰랐나?

1986년부터 대학가에서 주사파 세력이 폭발적으로 일어났음에도 일반 국민은 물론 교수들조차 이들의 실체와 사상적 위험성을 거의 인식하지 못했다. 이들이 자신들의 정체를 철저히 감추었기 때문이다.

주사파 대학생들은 종북 성향을 철저히 숨기고 "대통령 직선제" 등 자유민주를 위한 민주화 운동으로 포장해 대중적 지지를 얻었다. 그들은 "민주화"를 외치며 전두환 군사정부에 항거, 1987년 6·10 항쟁을 일으켰고, 그 결과 대통령 직선제를 골자로 한 1987년 헌법이 탄생했다. 이에 국민은 '1987년 체제'의 주역인 이들에게 '민주화의 기수'라는 월계관을 씌워 주었다. 주사파는 이같은 국민의 사상적 공백과 호응 속에 거칠 것 없이 세력을 확장하여 오늘날과 같은 반체제 좌익 정권을 낳게 됐다.

특히 우리 국민은 1990년 전후 동구 공산권 붕괴 이후 반공 의식을 사실상 해제했고, 더 이상 반공 교육을 받지도 않았다. 동구권 붕괴, 1992년 중국과의 수교, 1990년대 중반 북한의 대량 아사 등을 겪으면서, "공산주의도 사라졌고 북한과의 체제 경쟁도 끝났다"라고 방심했다.

"공산주의는 사라지지 않았다. 반공을 해야 한다"는 사람에게는 '색깔론자, 매카시스트, 극우 분자'라는 딱지를 붙이며 시대착오적 인물로 매도했다. 이로써 체제 위기의 경종을 울리던 반공주의자들도 점차 침묵하게 됐다.

국민은 반공 교육의 단절 속에서 진보·민주 세력으로 위장한 종북좌익 세력에 쉽게 영향을 받았다. 특히 청소년들이 취약했다.

주사파 등 종북좌익 세력은 선거에서 사상 문제가 거론될 때마다 "색깔론이다", "매카시즘이다", "극우적 발언이다"라고 역공하며 논점을 회피했다. 국민도 이들에게 깊이 추궁하지 않았다.

이명박 정부, 박근혜 정부, 문재인 정부, 윤석열 정부를

거치면서 종북 좌익세력의 정치권 진입과 영향력 확대
는 더욱 심해졌다. 종북 좌익세력은 전혀 위축되지 않은
채 활발히 활동했다. 우경 성향 정부들은 이들의 집요한
공세에 효과적으로 대응하지 못했다.

자유민주주의 체제를 수호해야 할 정치권·공직자·사회
지도층도 이들과 타협하거나 이들의 실체를 국민에게
알리는 일을 기피했다. 국민도 일부를 제외하고는 체제
위기를 남의 일처럼 방심했다. 적어도 박근혜 대통령 탄
핵 사태 전까지는 그런 현상이 극심했다.

2016년 말~2017년 초 박근혜 대통령 탄핵 사태를 계기
로 반공 애국 세력(일명 태극기 세력)이 들고일어나면서 다
소 나아졌지만, 이들 역시 종북 좌익 세력의 실체와 전
략·전술 학습이 부족해, 피나는 노력에 비해 성과는 미
흡했다. 젊은층 등 국민들의 동참을 이끌어내지 못했다.
이러한 모두의 안이함으로 인해, 주사파 등장 40여 년
만에 자유민주주의 체세가 붕괴의 문턱에 서게 되었고,
사회주의·공산주의 체제로의 전환 위기에 봉착했다.

(4) 이석기세력, 어떻게 정치권 주도세력이 되었나?

우리나라가 북한 대남공작기관의 손바닥에 놀아나고 있다는 대표적 사례는 이석기가 주도한 경기동부연합이 대한민국의 정치·사회 핵심 세력으로 부상했다는 사실이다. 이석기는 김일성의 지시에 따라 1992년 '주사파의 대부' 김영환이 서울대에서 만든 지하혁명당인 민혁당(민족민주혁명당)에 관여한 것으로 알려진 종북 세력이다. 그는 목포 출신으로 고등학교 때 성남 성일고등학교로 전학해 1982년 졸업하고, 용인 소재 외국어대 용인캠퍼스에 입학(82학번)해 1986년에 졸업했다. 그는 성남·용인을 근거지로 하여 한총련 세력(용성총련)을 아우르며 세력을 키웠는데, 이를 경기동부연합이라고 부른다. 이석기를 중심으로 한 한총련 세력이 중심이다.

2001년 9월 "군자산의 약속", 무서운 예언력

김대중 정부가 남북정상회담(2000.6)을 한 후 북한에 대한 화해 교류 무드가 일어났다. 북한은 지금이 합법적인 방법으로 남한 정권을 점령할 기회가 왔다고 판단했다. 그래서 남한 종북 세력에게 지령을 내렸다. "합법정당 민노당으로 들어가라"(2001.3)

종북 세력은 이에 전략회의를 개최했다. 종북 세력의 연합체인 전국연합의 대표자 700여 명은 2001년 9월 충북 괴산군 보람원수련원에서 회합을 한 것이다. 이 회합을 "9월 테제"라고 하는데, 일명 "군자산의 약속"이라고 불린다.

이 회합의 테마는 "3년의 계획, 10년의 전망"이었다. 결의된 핵심 사항은 NL파(주사파)가 PD파(민중민주파, 마르크스-레닌주의) 주도로 만든 민노당(2000.1 창당)에 대거 들어간다는 것이다. 들어가서 첫째, '3년 안에 당권을 장악하겠다'(PD파가 만든 정당을 빼앗겠다), 둘째, 이 당을 발전시켜서 '10년 안에 정권을 잡겠다'(2012년 대선에서 종북 정권 창출 의미), 셋째, 그런 후 '북한과 연방제 통일을 이루겠다. 즉, 북한에 흡수통일, 적화 통일하겠다'는 마스터플랜이었다.

종북세력(전국연합), **민노당 침투결의**(2001.9.23)

충북 괴산군 군자산 내
보람원수련원

- 결의 (군자산의 약속)
: '3년의 계획, 10년의 전망'

* 주사파의 합법정당 진출 결의

"**3년 내** 광범위한 대중 조직화 통해 '민족민주정당' **건설**로
10년 내 '자주적 민주정부 및 연방통일조국' 건설하겠다."

1. **민노당**으로 들어가 **3년 내** 당권 장악하겠다.
2. **10년내** 정권 창출 ➡ 북한과 **연방제 통일**(적화통일) 하겠다.
** 2012년 대선 승리 목표(2012년은 김일성 100돌 되는 해)

이들이 "군자산의 약속"에서 결의한 목표는 놀랄 만큼 계획대로 성취되었다.

'3년 안에 당권을 장악하겠다'고 했는데 실제 3년 만인 2004년 주사파가 당권을 장악했다. 2006년 초에는 주사파(NL파) 중 종북 성향이 가장 강한 이석기의 경기동부연합이 당권을 장악했다.

또한 '10년 안에 정권을 잡겠다'고 했는데, 실제 2012년 대선에서 이석기 통진당이 정권을 잡을 뻔했다. 북한의 지령대로 2012년 총선을 앞두고 통진당과 민주당이 야권 연대(2012.3)를 이루었으나, 총선 직후 통진당 내분 사태로 지지율이 폭락하면서 야권 연대가 깨져 종북 정권(통진당+민주당 공동 정권) 창출의 꿈은 좌절되었다. "10년 공부 도로 아미타불"이었다.

일심회사건과 경기동부연합

일심회 사건은 2006년 10월 국정원이 발표한 간첩 사건이다. 일심회 간첩단은 북한 대남 공작기관인 대외연락부가 '마이클 장(장 마이클)'을 통해 만든 지하조직이다.

북한 대외연락부는 일심회 간첩단 주모자 마이클 장을 통해 민주노동당의 이정훈 중앙위원, 최기영 사무부총장 등을 포섭했다. 대외연락부는 이들로부터 민주노동딩 내부 정보(주요 당 간부 300여 명 분석 자료)를 확보한 뒤, 일심회 간첩단을 통해 당대표·사무총장·정책위의장 등 주요 당직에 경기동부연합 인사가 선출되도록 공작할 것을 지시했다.

경기동부연합(이석기 그룹)은 북한의 관여·지원 정황 속에 민주노동당 중앙당과 서울시당 등 당 상·하부를 사실상 장악했다. 그 결과 민주노동당은 북한 공작기관의 지시·관여 정황 아래 움직이는 종북 성향 정당으로 변질되었다.

왕재산사건과 경기동부연합

왕재산 간첩사건은 2011년 8월 국정원이 발표한 북한 간첩사건이다. 왕재산은 인천을 중심으로 활동하던 간첩단으로 지목된 조직이며, 주모자로는 김덕용으로 알려져 있다.

국정원은 김덕용의 노트북을 압수했고, 그 안에서 다수의 북한 공작 지령 문건을 확보했다. 특히 2012년 4월 총선과 12월 대선 관련 북한 공작기관의 정치공작 지령도 포함돼 있었고, 이후 실제 정치 일정과 높은 부합성을 보였다. 충격적이었다.

왕재산 간첩단사건 (2011.8 적발)

김덕용은 1993년 **김일성**으로부터 "남조선 혁명을 위한 지역지도부를 구축하라"라는 교시를 받고, **2001년 3월 지하당 왕재산을 결성**

유사시 인천장악 지령(2006.1)
- 인천국제공항, 국제항만과 **전쟁시 전략적 요충지**(미군 증원군 도착지)인 인천지역을 **혁명의 주요 거점**으로 삼기 위해
- 인천 내 각종 중요기관, 방송국, 경찰서, 군부대, 저유소, 공단 등을 장악하거나 **폭파할 수 있도록 준비**

2012년 총선전략 지령
- "민노당을 중심으로 **진보대통합 정당**을 구성하라"
- "**(민주당**에) **국회 의석을 양보**받아 내는 것, **정책적 담보를 받아내**는 것 등 **연대방안**들을 연구, 토론하라"

북한이 구상한 야권연대전술은 크게 두 가지 방향이었는데 ▷하나는 민주노동당(민노당)을 통합진보당으로 확장하는 것이고, ▷ 다른 하나는 통합진보당이 만들어지면 민주통합당과 야권연대를 통해 지지표를 연합한다는

것이었다.

왕재산 간첩단에게 내려진 총선전략은 현실로 나타났다. 2011년 12월 13일 민노당을 중심으로 통합진보당이 만들어졌으며, 2012년 4월 총선을 한 달 앞두고 통합진보당과 민주통합당이 야권연대 결성식을 개최하였다. 이러한 선거 연대 체제를 통해 통합진보당이 큰 승리를 거두었다.

통진당은 220만 표, 10.3%의 국민지지율을 얻었고, 국회의원 13명이나 당선되는 결과를 냈다. 통진당 당권파의 핵심인 이석기 등 경기동부연합 소속 인사들이 다수 당선되었다.

만약 이 연대 방식이 12월 대선까지 이어졌다면, 북한이 구상했던 대로 통합진보당과 민주통합당의 공동 정권 등장이 유력해 보였다.

그러나 5월 들어 통진당 내부에서 심각한 갈등이 일어났다. 비례대표 선정 과정의 부정 투표 문제가 드러났기 때문이다. 총선 전 비례대표 선출 과정에서 최초로 온라인 투표가 실시되었는데, 이석기 등 당권파 후보 선출 과정에서 대규모 온라인 부정 투표 사태가 발생했다. 이에 PD파가 강하게 저항했고, 5명이 구속되는 등 충돌 사태로 번졌다.

통진당 내분사태(2012.5-7)가 없었다면?

대선 결과 : 박근혜 51.55%, 문재인 48.02%로 '108만 표차'

"통합진보당 총체적 부정 선거"

"이동투표 대리투표 다수 발견"

- "이석기가 누구야" : 압도적 1위(1만136표)
- 이 의원 온라인 투표 전체득표수 중 5천965명(58.85%) 중복IP 투표
- 전북, 중복IP 투표 득표율 100%, 전남, 중복IP 투표수 중 98.48% 득표

2~3개월간 지속된 내분 사태로, 통진당 내부에 가려져 있던 종북 문제들이 언론을 통해 국민에게 속속 알려졌다. 이로써 약 10%에 이르던 통진당 지지율은 2~3%로 추락했다. 민주통합당은 수습을 지켜보다가 결국 통진당과의 대선 야권연대를 깨고, 문재인 후보 단독 출마로

12월 대선에 임했다.

야권연대가 무산되면서 민주통합당은 문재인 후보, 통진당은 이정희 후보가 별도로 출마해 표가 분산되었다. 그럼에도 민주통합당 문재인 후보는 새누리당 박근혜 후보와 박빙 승부를 벌였다. 문재인 후보는 선거 당일 오전 우세했으나, 오후 노년층 투표가 급증하며 골든 크로스가 발생, 최종적으로 역전되었다는 분석이 있다.

'군자산의 약속'에서 선포한 꿈, 이석기가 이룰 뻔

만약 통합진보당의 내분 사태가 없었다면 어땠을까? 통진당과 민주통합당의 야권연대가 유지되었다면 연대팀이 압승했을 가능성이 크다. 민주통합당(문재인)과 10.3%의 통진당(이석기)이 표를 하나로 모았다면, 사실상 압승이었을 것이다.

만약 통진당(이석기)과 민주통합당(문재인)이 공동정권을 수립했다면 주도권은 누가 잡았을까?

군자산의 약속, 이석기가 완수할 뻔?

PD 무력화시킨 NL '군자산 약속' 뭐길래…

노컷뉴스, 2013.9.2

군자산의 약속(2001.9.23)

| 2001년 "자주적 민주정부" 결의…지난해 야권연대로 실현될 뻔

2001년 "자주적 민주정부" 결의, 지난해 **야권연대로 실현될 뻔**

지난달 31일 오후 서울 내곡동 국가정보원 앞에서 열린 통합진보당 국정원 내란음모 조작, 공안탄압 규탄대회에 참석한 이석기 의원이 지지자들의 인사에 화답하고 있다. (황진환 기자/자료사진)

이석기 세력이 장악했을 것이다. 당시 통진당이 약 1,500여 개 좌익·좌경 단체를 조직적으로 연계·통제하고 있었고, 그 뒤에는 북한과 범민련 등 종북 단체의 지지·연계 정황이 있었다. 이들 역시 민주노동당(통진당)이 민주당을 견인해야 한다는 입장을 취해 왔다.

이석기가 사실상 정권을 주도했다면, 이는 북한이 누누이 강조하고 종북 세력이 2001.9 '군자산의 약속'에서 제시한 구상─즉 반미 종북 정권의 창출─이 현실화되는 셈이었다. 더구나 2012년은 김일성 100주년이었다.

북한이 "2012년에 통일의 대문을 열겠다"라고 반복해 왔던 구상이 현실적 목표로 이어졌을 가능성이 크다. 대한민국은 연방제 통일을 명분으로 한 흡수·적화 통일로 직행했을 것이며, 이는 참으로 끔찍한 사태였다.

통진당과 민주당의 야권연대는 북한의 지령에 따른 것으로 의심되는 정황이 있으며, 대한민국의 국익과 헌정 질서를 심각하게 훼손할 수 있는 연대였다. 그리고 '군자산의 약속'에서 적화 통일의 로드맵으로 제시된 방향을 뒷받침하는 반헌정적 연계로 평가할 수 있다.

저자는 2012년을 절체절명의 위기로 인식했고, 하루하루를 벼랑 끝에서 보내는 심정이었다. 마치 30kg 돌덩이를 머리 위에 이고 사는 듯한 압박이었다. 그러나 당시 국민은 물론 정치인·공직자, 심지어 안보기관 요원들까지도 사태의 심각성을 제대로 인식하지 못하고 태평했다.

야권연대가 무산되고 박근혜 후보가 당선되면서 가까스로 위기를 넘겼지만, 저자는 더 큰 파고가 올 것으로 내

다봤다. 지도자와 국민이 그런 안이한 태도로는 다가오는 종북 쓰나미를 피하기 어렵다고 보았다.

이석기 통진당 세력, RO 사건으로 당 해산

2012년 4월 총선에서 비례대표 국회의원이 된 이석기는, 국회의원 신분으로도 내란 관련 행위를 준비했다. 당시 김정은이 남침전쟁을 할 것 같은 전쟁 분위기를 고조시키자, 남침 시 내응(호응)할 대응 행동을 준비하는 차원이었다.

이석기 의원은 2013년 5월, 자신이 통솔하던 지하 혁명조직(RO) 구성원 150여 명을 소집해 심각한 토론을 진행했다. 이들은 북한이 남침할 경우를 상정해 혜화동 전신전화국·평택 유류창고 등 기간시설 폭파, 인명 살상 방법 등 전시 대응 행동을 논의했다. 이 사건은 내부 고발자(녹취록)의 제보로 드러났고, 이것이 바로 이석기 RO 사건이다.

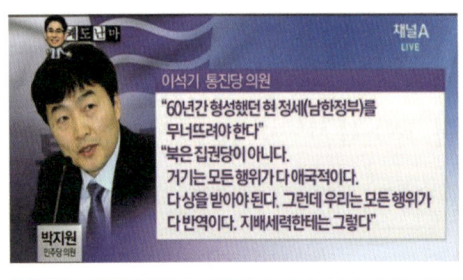

이석기 RO사건(2013.8), 내란선동죄 9년형

이석기 통진당 의원

"60년간 형성했던 현 정세(남한정부)를 무너뜨려야 한다"

"북은 집권당이 아니다. 거기는 모든 행위가 다 애국적이다. 다 상을 받아야 된다. 그런데 우리는 모든 행위가 다 반역이다. 지배세력한테는 그렇다"

박지원 민주당 의원

<2013.5 이석기의 RO 조직원들과의 회합 발언 녹취록

2013.5.10 곤지암 모임(150여명)
2013.5.12 마포 모임(130여명)

이석기는 결국 RO 사건(내란 선동 등)으로 2013년 8월 구속되어 실형 선고 후 8년간 수감되었다. 이 사건의 여파로, 경기동부연합의 정치적 진지였던 통합진보당은 2014년 12월 헌법재판소 결정으로 위헌 정당 해산에 이르렀다.

통진당세력, 이재명과 함께 더불어민주당 장악

통진당 당권파 경기동부연합은 우두머리 이석기의 구속, 통진당 해산이라는 난관에도 불구하고 이재명 성남시장의 도움으로 전국으로 세력을 넓혔고, 다시 이재명과 함께 경기도로, 다시 더불어민주당으로 확장해 갔다. 이석기 경기동부연합이 이재명과 운명공동체가 된 것은 2010년 지방선거 때였다. 이재명이 성남시장에 나섰는데, 이때 성남에 많은 기반을 가지고 있던 민노당 후보 김미희가 사퇴하고 이재명을 밀었다. 경기동부연합의 후원으로 성남시장에 당선된 이재명 성남시장은 인수위원장에 김미희를 내세우고 경기동부연합 인맥들을 인수위원에 대거 포진시켰다. 이에 대해 '성남을 사실상 공동 통치했다'는 평가가 나왔다.

이재명 성남시장 후보, 경기동부와 야권연대

2010년 6월 지방선거

이재명 민주당 후보외

김미희 민노당 후보(경기동부연합, 이석기 그룹)와 야권연대

2010년 5월 〈민중의소리〉는 민주노동당 후보로 경기도의원 선거에 출마한 김미희 후보 인터뷰를 소개했다. 〈민중의소리〉는 기사와 함께 '이재명 후보로 성남시장 야권 단일화 실현한 후 함께 유세를 펼치는 김미희 후보'라는 설명과 함께 해당 사진을 공개했다.

경기동부연합은 통진당이 해산(2014.12)당하는 난관 속에서도 거뜬히 극복하고 정치 세력을 넓힐 수 있었던 것도 바로 이재명 성남시장의 도움이 있었기 때문이다.

통진당세력은 문재인정권이 등장하자, 빠른 속도로 세력을 확장했다. 민노총 속으로 진입해 주도권을 장악해 갔고, 정당으로도 발 빠르게 진입해 갔다. 이들은 통진당 후신 정당으로 민중당→진보당을 부활시켰다. 나아가 이재명과 함께 제1당인 더불어민주당으로 대거 진입했으며, 2022년 대선에서 이재명을 대통령 후보로 만드는데도 큰 역할을 했다.

2022년 3.9 대선을 앞두고 민주당 내 이재명, 이낙연 후보가 경선을 치렀는데, 당시 민주당 당게시판에서도 "이번 경선 결과에 따라 민주당을 지킬 수 있을지, 저 미친 통진당세력에게 통째로 (민주당을) 빼앗길지 결정될 것으로 보인다"라는 걱정스런 표현들이 올라오기도 했다.

이렇게 더불어민주당으로 진입한 친명세력은 대선 이후 이재명이 당대표를 차지하며 당권을 장악하는 데 주도적 역할을 하였다. 그리고 2024년 12월 윤석열 대통령 탄핵과 2025년 6.3 대선을 통해 정권을 차지하는 데 주도적 역할을 하였다.

통진당세력은 경기동부연합-한총련을 중심으로 한 진성종북세력으로서 이재명 당대표 체제하에서 친명파의 배후 역할을 한 것으로 평가되고 있다. 당내 조직도 아니면서 당을 좌지우지하고 친명 일색화(전체주의화)하는 더민주전국혁신회의, 개딸 등이 그들이라는 평가가 많다.

이낙연 전 총리는 2024년 1월 더불어민주당을 탈당하면서 "자랑스런 민주당을 누가 훔쳐 갔는가?"라고 반문하며, 친명세력의 침투를 허용한 것을 크게 후회했다고 한다. 탈당한 조응천 의원도 친명파 주도 민주당에 대해 "진시할 것 같다"고 했다. 경기동부연합-한총련 주도 친명세력이 장악한 전체주의 정당화의 위험성을 드러낸 고백이다.

(5) 대통령 비상계엄도 체제전쟁

윤석열 대통령이 2024년 12월 3일 비상계엄을 선포했다. 더불어민주당 등은 이러한 비상계엄에 대해 '내란 프레임'을 덮어씌우며 탄핵으로 몰고 갔다.

이에 반해 윤석열 대통령은 비상계엄이 더불어민주당 등의 내란적 정부 전복을 막기 위한 체제 수호 행위라고 반박했다. 더불어민주당 등이 종북 반국가 세력으로서 국회를 장악해 정부를 마비시키고 자유민주주의 체제를 붕괴시키려 했다는 것이다. 그래서 대통령으로서 자유민주주의 체제를 수호하기 위해 불가피하게 비상계엄을 선포했다는 입장이다.

여기서 알 수 있는 것은 윤석열 대통령과 이재명·더불어민주당이 비상계엄을 둘러싸고 벌인 충돌 자체가 체제전쟁이라는 점이다. 한쪽은 대한민국의 자유민주주의 헌법을 지키자는 것이었고, 다른 한쪽은 비상계엄이 헌법을 파괴하는 내란이라는 입장이었다. 이 두 세력 간의 전투는 체제전쟁이며, 자유민주주의를 지키느냐, 아니면 이를 허물고 공산주의·사회주의 체제로 가느냐를 둘러싼 사상전이자 체제전쟁이 그 본질이었다.

(6) 대통령 탄핵사태는 체제전쟁

윤석열 대통령의 탄핵 과정 역시 체제전쟁의 일환이었다. 더불어민주당 등 좌익 진영은 오래전부터 윤석열 탄핵을 추진해 왔고, 비상계엄 선포를 계기로 내란 혐의를 씌워 헌법재판소에서 파면을 이끌어 냈다.

윤석열 대통령 측은 비상계엄의 정당성을 내세워 탄핵의 부당성을 제기했으나, 8:0 결정으로 파면되었다. 윤석열 대통령이 "종북 반국가 세력으로부터 자유헌정질서를 지키기 위해 비상계엄을 선포했다"는 논리는 받아들여지지 않았고, 헌법 파괴 범죄로 낙인찍혔다.

윤석열 대통령은 더불어민주당 등 종북좌익 세력을 내란 세력으로 보고 제거하려 했고, 더불어민주당 등은 윤석열 대통령을 내란 세력으로 몰아 제거하려 했다. 본질적으로 지향 체제가 다른 두 세력의 정면 충돌이었고,

그 결과는 자유민주 세력의 패배로 귀결되었다.

2030세대, 전라도민, 교회 등이 계몽된 이유

윤석열 대통령은 비상계엄과 탄핵 사태를 거치며 큰 패배를 당했지만, 소득이 없었던 것은 아니다. 2030세대, 전라도민, 교회 등이 체제전쟁의 실상을 알게 된 것이다. 이들은 윤대통령의 비상계엄령 때문에 자신들이 계몽되었다 하여 비상계엄령을 계몽령이라 부르기도 했다.

이들은 그전까지 대한민국의 자유민주주의 체제가 잘 유지되는 줄 알았고, 대체로 태평했다. 그러나 윤석열 대통령이 체포·구속되는 사태를 겪으면서 국가적 위기를 인식하기 시작했다. 대한민국이 공산화로 가느냐, 자유민주주의를 유지하느냐의 갈림길에 있음을 깨닫고 체제 수호 운동에 나선 것이다.

그들을 깨우친 결정적 계기는 2024년 12월 12일 윤석열 대통령이 발표한 대국민 담화였다. 체제전쟁에서는 최고 전쟁 지휘관이 휘하 국민에게 누가 적이며, 왜 싸워야 하는지, 어떤 전략으로 전쟁을 할 것인지를 지속적으로 제시해야 한다. 대통령이 비상계엄을 발표한 후 10여 일 만에 국민 지지율이 11%까지 폭락했으나, 대국민 담화 이후 폭발적 반등이 시작됐다. 대통령이 비상계엄의 이유를 납득시키자 국민이 전투에 나선 것이다. 11%까지 떨어졌던 윤석열 대통령의 지지율은 15일 만에 30%를 돌파했고, 공수처·경찰의 대통령 체포 시도 등을 겪으며 1월 중순에는 45%를 돌파했다.

이 같은 지지율 급반등은 2030세대, 전라도민, 교회 세력이 대거 탄핵 반대를 외치며 거리로 나온 데서 비롯됐다. 그 기적이 일어난 이유는 이들이 윤석열 대통령을 좋아해서가 아니라, 대통령이 탄핵당하면 자신이 살아야 할 대한민국이 공산화될 수 있다는 위기감 때문이었다. 이들의 성명서·주장·댓글·피켓·연설 등에서 확인할 수 있듯, "체제전쟁" "종북 반국가세력" "공산화 반대" "STOP THE STEAL" "중국 OUT" "자유민주주의체제 수호" 등의 구호가 그들이 나선 이유를 분명히 보여 주었다.

(7) 6.3대선도 체제전쟁이다

대통령 탄핵 사태의 연장선상에서 치러진 6·3 대선의 본
질 역시 체제전쟁이었다. 국민이 스스로 어떤 체제를 선
택할 것인지 결정하는 체제 선택 선거였다. 자유민주주
의냐 공산주의냐, 대한민국세력이냐 반대한민국세력이
냐, 한·미 자유진영이냐 북·중 공산진영이냐를 선택하는
일이었다.

6·3 대선은 총성 없는 제2의 6·25전쟁이었다. 6·25전쟁
을 겪은 국민들은 스스로 공산주의 체제를 지지하느냐,

반공 자유민주주의 체제를 지지하느냐를 두고 피를 흘렸다. 그런데 우리는 6·25전쟁이 체제 선택의 처절한 전쟁이었다는 사실을 망각해 왔다. 그래서 75년이 지난 지금, 체제전쟁이 부메랑이 되어 돌아온 것이다.

저자는 6·3 대선을 앞두고, 대통령 탄핵 사태의 연장선에서 다음과 같이 평가했다.

"이번 대선은 대한민국의 운명을 가를 것이다. 누가 승리할 것인가? 자유민주주의냐 공산주의냐? 대한민국세력이냐 반대한민국세력이냐? 한·미·일 자유진영이냐 북·중·러 공산진영이냐? 자유통일이냐 적화통일이냐? 그 선택은 이번 대통령 선거로 결말이 날 것이다. 대한민국 앞에 운명의 시간이 다가오고 있다."

미국의 동아시아 전문가 고든 창 박사도 "한국이 민주주의 국가로서의 체계를 유지할 수 있는 마지막 기로에 서 있다"며, "이번 대선이 사실상 마지막 선거가 될 수도 있다"고 경고했다.

02 종북좌익, 대한민국을 장악한 기적의 프레임전술

(1) 종북좌익 세력, 국회 장악한 기적의 프레임전술
종북좌익 세력, 손쉽게 거둔 압승 비결인 프레임전술

우익세력이 항상 빠지는 오류는 바로 사상을 고려하지 않고 사태를 분석하는 습관이다. 반대로 좌익세력은 모든 현상을 사상의 안경을 통해 인식·분석하고 대책을 강구한다. 민노총이든 전교조든, 진보당이든 더불어민주당이든, 선거든 평시든, 책을 쓰든 말을 하든, 정치·경제 등 어떤 주제든 사상적 용어와 언어로 표현하고 사상적 전략·전술에 따라 행동한다. 그래서 일사불란한 전투 행동이 가능해지는 것이다.

그리고 "악마는 디테일에 숨어 있다"는 말처럼, 좌익은 디테일에서 승부를 본다. 좌익세력이 구사하는 세밀한 용어·논리·전략·전술을 이해하지 못하면 속수무책으로 당할 수밖에 없다. 상식만으로 대응하면 백전백패다.

좌익세력의 프레임전술에 말려드는 우익세력

선거는 어느 당이 유권자를 더 많이 우군으로 만드느냐의 게임이다. 좌익 정당들은 이를 위해 다양한 전략·전술을 연구하고 실행하는 실전 연습을 지속해 왔다.

더불어민주당은 선거 때마다 필독서로 삼는 책이 있다. 미국 버클리대 조지 레이코프 교수가 2004년에 펴낸 『코끼리를 생각하지 마』(국내 번역 2006)다. 대중의 심리를 정교하게 활용하는 프레임 이론을 다룬 좌익 성향 정치 전략서다.

프레임이론 창시자 레이코프 교수

미국 버클리대
조지 레이코프 교수

"코끼리를 생각하지 마"라는 말을 듣는 순간, 오히려 머릿속에 코끼리 이미지가 먼저 떠오른다. 이 같은 인간의 인지 작동 방식을 정치 선전용 프레임 설계에 응용하는 것이 핵심이다.

프레임이론이란?

프레임이론이란 인간의 인지 특성을 활용해 특정 인물·정치 사건 등에 대한 전략적 논리 구조를 만들고 유포함으로써, 대중을 자신들이 원하는 방향으로 이끌어가는 정치 전략론이라 할 수 있다.

이 이론의 핵심을 한마디로 요약하면 "대중의 뇌를 선점하는 자가 승리한다"는 것이다. 다시 말해, 특정 정치 프레임을 대중의 머릿속에 먼저 주입·정착시키는 쪽이 승리한다는 뜻이다.

왜 그럴까? 대중은 먼저 들어온 프레임에 따라 사물을 보고 판단하기 때문이다. 뒤늦게 제시되는 정보는 아무리 '진실'이라도 튕겨져 나가기 쉽다.

가장 주목할 점은, 상대가 그 프레임이 사실이 아니라고 반박·해명할수록 오히려 프레임이 강화되는 역효과가 발생한다는 것이다. 즉, 프레임에서 벗어나려는 대응 자체가 프레임을 재강화한다. 그러므로 상대의 프레임 공격에 대해 자신 있는 반격 논리와 '대안 프레임'이 준비되지 않았다면, 회피가 상책이며, 상대방의 급소를 치는 새 프레임을 만들어 역공하는 편이 훨씬 효과적이다.

그럼에도 지금까지 국민의힘과 우경 정부·우익 세력은 프레임전의 특성을 이해하지 못한 채, 좌익 세력의 프레임 공세에 변명과 해명 중심으로 대응해 왔다. 그럴수록 대중의 머릿속에 좌익 프레임을 각인시키는 역효과가 발생한다는 점을 간과한 것이다. 결국 우익 세력은 상대가 먼저 던진 프레임에 말려들어 변명과 해명을 거듭하며 그물에서 벗어나지 못한 채 큰 피해를 감수해 왔다.

(2) 4.10총선, 민주당 프레임 전술에 폭격당한 국민의힘

지난 2024년 4월 총선에서 더불어민주당 등 좌익 진영이 승리한 1등 공신은 '윤석열 심판론'이라는 프레임이었고, 우익이 패배한 주요인은 좌익의 프레임전에 대한 대응 능력 부족이었다. 총선 때 좌익 진영이 만든 프레임은 "윤석열 정권 심판론"이었고, 심판의 구체적인 소재는 채상병(이종섭), 대파론(윤석열), 명품백(김건희) 등이었다. 좌익 정당·언론 등이 이를 이슈화해 유권자 인식을 선점했다. 이에 대통령실·국민의힘 등은 이 프레임 공세에서 벗어나려 사실 근거에 의한 해명을 거듭했고, 우익 유튜버들은 이 해명 논리를 대중에게 널리 전파했다.

문제는 좌익 세력이 윤 대통령·우익 세력을 엮기 위해 진실과 거짓을 뒤섞은 프레임을 던지면, 순진한 우익은 그 주장의 사실 여부를 놓고 해명에 모든 에너지를 소모했다는 점이다. 이렇게 우익·우경 정당·정부·유튜버·유권자들이 해명 논리를 반복 전파할수록, 대중의 관심과 대화 주제는 오히려 그 프레임 안에 고착되었고, '윤석열 심판론'은 더욱 각인되는 역효과를 냈다.

국민의힘은 운동권 청산론을 내세웠고 2월말 민주당의

통진당화를 비판하기까지 했다. 그러자 지지율을 급등하며 2월말 민주당을 오차범위 밖으로 따돌리는 우세를 보이기도 했다.

그러나 윤석열 정부가 이종섭 전 국방부장관을 호주대사로 임명하자(3.4) 더불어민주당이 포문을 열었고, 좌익·좌경 언론과 좌익·좌경 단체들, 심지어 호주 좌익·좌경 교민들까지도 합세해 지속적으로 채상병 문제와 연계해 윤석열 청산론 프레임으로 집중 포격을 가했다. 이러한

공세는 3월말 이종섭 대사가 해임될 때까지 지속되었다. 이로 인해 선거 기간 내내, 우익 진영의 모임마다 좌익이 던진 이종섭 사건·김건희 사건 등 윤석열 비판 소재가 대화의 중심을 차지했다. 좌익이 음모성 프레임을 조작해 던지기만 해도, 우익은 사실 여부 논쟁에 매몰되어 유권자 머릿속에 프레임(그물)을 더욱 깊게 심어 준 셈이다.

결과적으로, 총선 당일 유권자들이 투표장으로 향할 때 각자 머릿속에 떠오른 것은 채상병 의혹, 대파 가격도 모르는 대통령, 의대증원 불만 등 '윤석열 심판' 관련 이미지였다. 그리하여 국민의힘을 지지하려던 일부 유권자는 실망·피로감으로 발걸음을 멈췄고, 더불어민주당 지지층은 높은 결집력으로 투표장에 몰려 승부를 갈랐다.

⑶ 더불어민주당, 내란 프레임전술로 윤석열정권 탄핵

최근 더불어민주당이 활용한 프레임전 사례를 살펴보자. 더불어민주당이 윤석열 대통령 탄핵, 6·3 대선 승리 등을 이룬 전략이 내란 프레임이었다. 내란 프레임은 윤석열 대통령 등 우경 정권을 허무는 수단이며, 우익 세력을 제거하는 적폐청산(반동분자 숙청) 무기이다. 나아가 자유민주주의 체제를 공산주의(사회주의) 체제로 바꾸는 체제 변혁의 핵심 무기이기도 하다. 그러니까 내란 프레임은 좌익 세력이 정권 탈취, 체제 변혁을 위해 사용하는 만능보검인 셈이다.

2024년 12.3 비상계엄사태가 일어나자, 12.5 박선원 의원 등은 홍장원 메모 등을 활용하여 내란 프레임을 만들었다. 이후 더불어민주당이 주도하고, 다수 언론은 "비상계엄은 내란"이며 비상계엄을 선포한 "윤석열 대통령은 내란수괴"이고, 비상계엄 선포에 참여한 국무위원·실행한 군은 내란 세력으로 규정했다. 심지어 대통령 비상계엄을 빌미로 대통령 탄핵에 반대한 국민의힘 국회의원도 내란 동조 세력이라는 프레임을 씌우고 해임하거나 정당 해산까지 검토하겠다고 위협하고 있다.

국민의힘은 '비상계엄을 한 것에 대해 거듭 사죄하고', '내란을 일으킨 대통령에게 출당을 요구해 대통령 스스로 탈당하게 만든' 사례까지 보였다. 이렇듯 국민의힘이 내란 프레임을 피하려 할수록 오히려 그 프레임에 갇히게 된다. 내란 프레임이 유권자의 머릿속을 선점함으로써 국민의힘 지지율을 추락시키고, 당을 분열·위축시키는 결과로 이어진다.

좌익 진영은 프레임전의 특성을 잘 이해하고 효과적으로 우익진영을 공략했다. 좌익 정당·언론·시민단체·유권자가 하나로 뭉쳐 승리를 거두었다.

이제 우익 정당·민간 우익 세력도 프레임전을 이해하고 좌익이 쳐 놓은 그물망에 갇히지 말아야 한다. 역프레임을 걸어 유권자의 머릿속에 "나쁜 종북좌익"라는 이미지가 즉시 떠오르도록 해야 한다.

(4) 좌익진영, 노력 없이 엄청난 우군을 얻는 용어프레임

공산주의자(사회주의자), 종북세력 등 좌익세력은 온갖 멋진 용어로 포장을 하거나 자신들의 실체를 감추는 능력이 탁월하다. '양의 탈을 쓴 사악한 늑대'가 그들의 본질이다.

본질:사상전, 수단:용어악용전술

0 **프레임전**은
- 겉으로는 **민생전, 정치논쟁, 역사논쟁, 진실논쟁**처럼 포장하나

- **실제는 사상전**임

0 **프레임전의 핵심 수단은 개념왜곡전술(용어혼란전술)**

- **종북 좌파세력 = 선한 세력으로 포장** : 진보, 민주, 민족, 통일, 평화, 참교육, 정의구현, 양심수

- **자유민주 우파세력 = 악의 세력으로 매도** : 보수=퇴보 **(**수구), 우파=극우, 친일, 친미, 독재, 파쇼 등

이들이 가장 많이 사용하는 프레임은 '진보, 민주, 평화, 통일, 민족, 인권, 복지' 등 대중이 선호하는 용어들이다. 이들 용어 중 최고의 유인 수단은 진보-보수 프레임인데, 선거 때 탁월한 효과를 발휘했다.

과거 우리나라에서 사상을 나누는 기준으로는 좌익(공산주의·사회주의)-우익(자유민주주의·자본주의) 프레임이 주로 사용됐다. 그러나 1990년 전후(소련 등 동구 공산권 붕괴 즈음) 종북좌익 세력은 자신들에게 절대 유리한 진보-보수 프레임을 만들어 좌익 언론을 통해 널리 전파했다.

자신들은 '진보'라는 긍정적 의미의 용어로 포장하고, 자유민주주의 세력은 '보수'(진보를 거부하는 의미)로 규정해 짝지어 퍼뜨린 것이다. 일반 국민은 종북좌익 세력이 만든 프레임이라는 점도, 그 안에 정치적 의도가 숨어 있다는 점도 모른 채 광범위하게 수용했다. 그 결과 불과 10여 년 만에 진보 세력은 폭발적으로 늘고, 보수 세력은 기하급수적으로 줄어 전세가 역전되기 시작했다.

국민 상당수는 '진보 세력은 더 나은 세상을 만들려는 좋은 세력'으로, '보수 세력은 진보를 거부하는 수구꼴통' 이미지로 인식하게 되었다.

진보-보수 프레임은 지난 30여 년 동안 종북좌익이 큰 노력 없이 젊은 층을 우군으로 끌어들이고 자유민주 세력을 기피 대상으로 만들게 한 특효 프레임이었다. 여론조사도, 선거도 이 프레임 위에서 진행되니 시간이 갈수록 좌익 세력이 유리한 방향으로 정국이 이동했다.

2009년 한 여론조사(리서치플러스, 2009.6)에 따르면, 스스로를 진보라 여긴 비율은 36.7%, 중도 34.8%, 보수

24.2%였다. 이런 프레임으로 선거를 하면 할수록 좌익에게 절대적으로 유리하고 우익에게는 절대적으로 불리했다. 자유민주주의를 파괴하고 공산주의·사회주의를 지향하는 세력이 36%의 지지를 얻고, 자유민주주의를 수호하자는 세력이 '수구꼴통' 이미지로 24%밖에 지지받지 못한 결과가 그것이다.

특히 사상에 밝지 않은 학생·청년층에서 진보 세력 긍정 비율은 더 높았다. 저자가 2010년경 ROTC 대학생을 대상으로 강의하며 "스스로 진보라고 생각하는 사람"을 묻자 60%가 손을 들었고, "보수라고 생각하는 사람"은 약

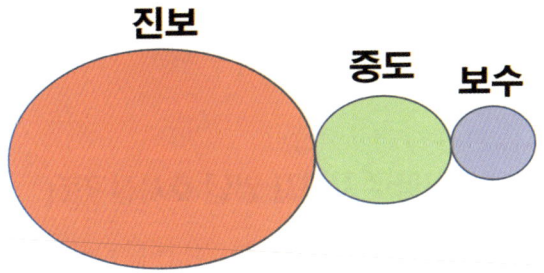

10%에 그쳤다.

종북좌익 진영은 자신들에게 절대 유리한 진보-보수 프레임으로 인해 막대한 정치적 이득을 얻었다. 젊은이들이 '진보'의 좋은 이미지 때문에 좌익 진영에 줄줄이, 통째로 들어갔기 때문이다. 반대로 우익 진영은 '보수'라는 나쁜 이미지(수구꼴통) 탓에 젊은이들이 30여 년 동안 사실상 진입조차 하지 않으려 했다. 그 결과, 우익의 나라 대한민국에서 좌익 세력이 득세하는 역전 현상이 벌어졌다.

진보-보수 프레임은 결국 2024년 총선에서 종북좌익·좌경 진영이 188석을 얻어 입법부를 장악하고, 우익의 나라인 대한민국에서 우익·우경 정당인 국민의힘이 108석밖에 얻지 못하는 결정적 이유였다.

더불어민주당, 공짜로 지지자 얻던 호시절 갔다

과거 더불어민주당 등 좌익·좌경 정당에는 청년층이 넘쳐났고, 홍보하지 않아도 스스로 줄을 섰다. 우익·우경 정당에는 노인층만 보이고 청년은 드물었다. 그러나 지금은 상황이 완전히 역전되었다. 국민의힘과 우익·우경 단체에는 청년들이 넘치고, 좌익·좌경 정당·단체에서는 청년층이 눈에 띄게 줄었다. 왜 이런 변화가 일어났는가?

윤석열 대통령의 희생과 탄핵 사태를 거치며 더불어민주당의 실체가 젊은 세대를 크게 각성시켰기 때문이다. 동시에, 그간 꾸준히 진보 세력의 개념을 제대로 인식시켜온 때문이기도 하다. 필자는 2009년부터 "진보-보수 프레임은 나쁜 프레임이다. 진보 세력이란 공산주의·사회주의 세력을 말한다. '진보 세력'은 공산주의자·종북 세력이 쓰는 포장술이다"라고 누누이 강조해 왔다. 통합진보당 해산 사건을 통해서도 국민들은 "종북 정당이 '진보'라는 용어를 쓰는구나"라는 사실을 확인했다.

이러한 사상적 각성은 여론조사에서도 나타난다. 특히 중도를 보다 세분(중도진보, 중도, 중도보수)할 경우, 진보그룹 비율이 급락하는 것으로 나타났다. 2025년 탄핵정국

당시 고성국TV가 한국여론평판연구소에 의뢰한 조사에 따르면, 진보-중도진보-중도-중도보수-보수로 세분해 물었을 때 '진보'라고 답한 비율이 6%로 급락했다. 그동안 '진보 텐트'에 줄줄이 들어갔던 2030세대가 각성하며 진보 텐트를 기피하고 있다는 뜻이다. 정치 프레임의 상당한 변화다. 잘못된 정치사상 용어를 바로잡는 것이 얼마나 중요한지를 알려주는 사례이다.

현재 통합진보당 후신 진보당은 국민지지율이 0.5~1%에 불과하다. 국민들이 '진보세력'의 실체를 상당히 깨닫고 있다는 뜻이다. 이렇게 볼 때, 멀지 않아 더불어민주당도 종북좌익 세력이 주도하는 정당임이 널리 알려진다면 지지율 대폭락 사태가 일어날 것이다.

이재명과 더불어민주당은 이렇듯 유권자들의 변화된 사상관을 인식해 새로운 대응책으로 나아가고 있다. 그래서 자신의 진영을 진보진영이라고 하지 않고 '민주개혁진보진영'이라고 하여 진보를 맨 뒤로 넣어 감추고 있다. 이번 대선에서는 아예 "우리는 진보가 아니다. 보수 중도다."라고 말하는 상태에 이르렀다. 이제 진보 텐트 간판만 걸어놓으면 유권자들이 줄줄이 오던 시대가 갔다는 것을 철저히 깨달았기 때문이다. 유권자들이 몰리는 중도와 보수 텐트로 와서 기웃거리고 있는 것이다. 보수 중도로 가장하여 우익·우경 정당 지지자들을 흡수하려는 정치적 전술인 것이다.

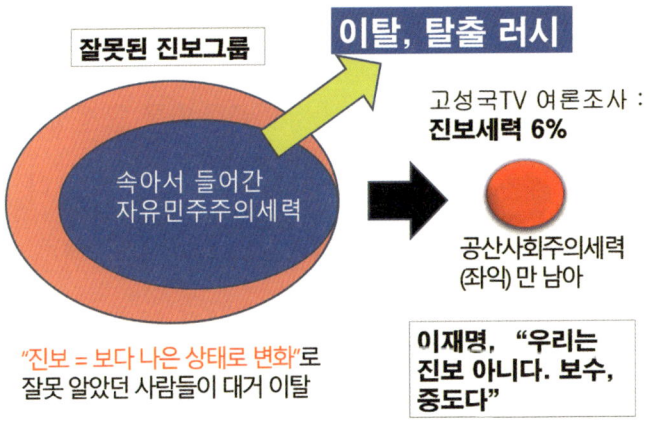

국민의힘은 정신을 바짝 차려야 한다. 지금까지 했던 보

수·우익을 버리고 중도로 가는 것은 정말 위험한 행위다. 이제 보수·우익은 결코 잡아놓은 물고기가 아니다. 자칫하면 보수 텐트 주위를 기웃거리는 이재명·더불어민주당의 표심 공략에 유권자들을 빼앗길 판이다. 실제 부산, 경남은 물론 보수의 성지로 평가되는 경북 대구 지역의 노인들마저도 이 전략의 영향을 받고 있다.

대한민국세력도 이른바 보수(우익) 세력을 중심으로 사상투쟁을 하되, 중도 유권자를 아우르고, 나아가 진보 텐트에 잘못 들어가 있는 자유민주주의 세력을 되돌려 데려오는 전략도 병행해야 한다. 이들을 하나로 묶을 수 있는 프레임도 필요하다. 자유민주주의를 긍정하는 대한민국세력은 "우리는 하나다"라는 캐치프레이즈다. 이승만 대통령도 해방 후 공산주의 세력과 자유민주주의 세력이 치열하게 체제전쟁, 건국전쟁을 벌이고 있을 때 이렇게 말했다. "뭉치면 살고 흩어지면 죽는다."

중국, 공산주의 버린 적 없다

지금 전 세계는 중국의 세계 패권화에 대응한 트럼프 대통령 주도의 미·중 체제전쟁으로 국제 질서가 통째로 바뀌고 있다. 제2차 세계대전 이후 미·소 간 동서 냉전 이상으로 급변하는 상황이다. 30년 이상 하나로 통합되어온 양 진영이 다시 디커플링하는 국면이다. 새롭게 재편되는 신냉전 질서(중·러·북 대 미국·EU 등)는 미국을 중심으로 한 자유 세계가 특히 중국을 집중적으로 고립시키는 방향으로 진행되고 있다.

이 같은 급변의 결정적 요인은 시진핑의 '중국몽'이다. 미국 등 자유 진영은 과거 등소평 등 중국 공산당의 개혁·개방 노선을 환영하며 따뜻하게 맞아주었다. 중국이 시장경제 질서에 편입되면 곧 공산주의 체제를 버리고 자유민주주의로 이행할 것이라 기대했기 때문이다. 이는 착각이었다.

중국은 세계 공산화의 꿈을 버린 적이 없다. 개혁·개방을 이끈 등소평조차도 이를 버리지 않았다. 그는 1979년 미국을 방문해 개혁·개방을 추진하면서 흑묘백묘론(검은 고양이든 흰 고양이든 쥐만 잘 잡으면 좋은 고양이)을 강조했다. 이는 공산당의 목표 달성을 위해 자본주의적 방식의 도입도 수단으로 활용할 수 있다는 현실주의를 의미했을 뿐, 공산주의 체제를 포기한다는 뜻은 아니었다.

등소평은 또한 도광양회(韜光養晦, 칼빛을 감추고 때를 기다린다)을 강조했다. 숨어서 실력을 기르고 힘을 갖춘 뒤 본심을 드러내라는 전략이다. 그는 생전에 "100년간은 미국에 절대로 대들지 말라"는 취지의 지침을 남긴 것으로 알려져 있다(1997년 사망). 그런데 시진핑은 이러한 도광양회 원칙을 사실상 거슬러, 충분한 실력 축적 이전에 공산 중국의 패권적 야심을 너무 일찍 노출했다.

중국 공산당의 전략 핵심은 체제(공산주의) 고수 + 수단(자본주의 도구) 활용이다. '중국몽'과 '초한전'은 이러한 장기 혼합전(군사·경제·외교·정보·심리전)의 총체로, 자유 세

계가 이를 신냉전 구도로 규정하고 대중(對中) 견제에 나
선 이유가 여기에 있다.

초한전은 무엇일까?

초한전(超限戰)은 '한계를 뛰어넘는 전쟁'이라는 뜻으로,
1999년 중국군 이론서에서 정식화된 개념이다. 목표는
미국 패권을 약화시키고 중국몽을 실현하는 데 있으며,
전통적 무력전 외에 경제·외교·법률·정치·정보·문화 등
비군사 영역까지 총동원해 상대 국가의 의지와 역량을
소진시키는 전법이다. 합법·비합법 수단을 가리지 않는
전면적·장기적 압박 전략이라는 점이 핵심이다.

시진핑은 일대일로(一帶一路)를 추진하며 중국몽을 강조
했다. 중국몽은 중국이 세계적 영향력을 주도하겠다는
구상으로, 각국의 정치·경제·사회·문화 전반에 네트워크
를 형성하고, 공자학당 등 문화 플랫폼, 차이나타운 조
성·기업 투자 등을 통해 친중 이미지 제고를 위한 여론
전·선전전을 병행해 왔다.

중국의 전략은 여기서 멈추지 않는다. 홍콩에 대한 통제 강화, 대만에 대한 무력·외교 압박, 주변국에 대한 영향권 편입 시도가 이어져 왔다. 한국의 경우 친중 성향 정치 세력 확대와 중국 국적 인력의 유입이 정치·사회 분야에 미칠 파장이 논쟁이 되고 있으며, 이와 맞물려 선거 개입 시도 우려도 지속 제기되어 왔다.

중국의 선거개입 가능성과 한미 공조 필요성

미국의 동아시아 연구자 고든 창 박사는 여러 전문가의 견해를 인용하며 "이번 한국 대선에서 99% 부정선거 가능성"과 "중국 주도 개입"을 경고한 바 있다.

중국의 한국 선거 개입과 관련해 확정적 증거는 공개되지 않았지만, 미국·중국·한국 정부의 대응과 발언 등 복합 정황을 종합하면 개입 가능성을 시사한다는 평가가 있다. 특히 선관위 수원연수원 '중국인 해커' 사건과 관련해 정밀 조사가 필요하다는 문제 제기가 계속되었다.

윤석열 대통령은 2025년 1월 1일 자필 메시지에서 "부정선거 시스템은 한 나라의 정치세력만으로는 불가능하며, 국제적 연대와 협력이 필요하다"는 취지로 언급한 바 있다. 또한 미국 보수정치행동회의(CPAC) 맷 슐랩 대표가 2024년 12월 16일 방한해 윤 대통령을 면담했다는 보도·전언이 있었고, 이 자리에서 "한국 선거 운영에 외국 기술·장비 영향 여부"가 거론됐다는 이야기가 전해졌다.

탄핵 직후 대통령 측근과의 대화에서 계엄 당시 '중국 간첩단 사건' 관련 정보 공개 여부를 두고, 대통령이 "그렇게 하면 바로 중국과 전면전(全面戰)으로 번질 수 있다"는 취지로 신중론을 피력했다는 전언도 있다. 이는 수원연수원 중국 해커 사건의 실체 규명 필요성과 함께 외교·안보적 파장을 고려할 수밖에 없다는 점을 뒷받침한다.

결론적으로 부정선거 방어는 전 국민적 과제이며, 한국 우익 세력만의 과제가 아니다. 디지털 보안·선거 절차 투명성·감사 체계 강화와 함께, 미국 등 자유 진영과

의 정보 공유·공조가 필수적이다. 기술 표준·감사 프로
토콜·감시 네트워크를 국제 협력으로 정교화할 때, 외부
개입·조작 시도를 선제적으로 차단할 수 있다.

부정선거 슈퍼전파자 선관위, 중국 하수인 역할 의심

도널드 트럼프 미국 대통령은 자신이 부정선거의 피해
자였다고 주장해 왔고, 재집권 이후에도 부정선거 문제
를 국경을 넘는 국제범죄 차원에서 반드시 제거해야 할
과제로 규정하고 있다. 그는 그 배후에 중국이 관여했을
가능성이 높다고 보고 있다.

중국의 부정선거 전파 공작에 한국 선관위가 활용됐을
가능성에 관한 의심도 제기된다. 한국 선관위가 2013년
10월 A-WEB(세계선거기관연합)을 창립·주도해 왔고, 전
자개표기 보급·기술 전파 과정에 관여했다는 논란이 있
어 왔기 때문이다.

더구나 지난 대통령 비상계엄 시 선관위 수원연수원에
중국인 해커가 있었다는 보도도 나왔다. 이 보도가 사실

로 확인될 경우, 한국 선관위가 해킹에 이용될 수 있는 물리적 공간을 제공했다는 법적 책임 문제로 비화될 수 있다. 대한민국 선관위가 실제 국제적 선거 범죄에 가담했는지 여부는 향후 수사·감사·사법 절차를 통해 규명될 사안이다.

04 부정선거, 어떻게 대응할 것인가?

(1) 부정선거, 대한민국 위협하는 독소로 인식 필요

부정선거, 점점 사실론으로 받아들여지고 있어

우리나라에서 부정선거 논란은 2020년 총선 때부터 본격적으로 일어났다. 당시 우익 진영에서도 부정선거를 주장하는 사람들을 음모론자, 이상한 사람처럼 취급하기도 했다.

세월이 흐르며 부정선거에 관한 다양한 사례와 방증 자료가 쏟아져 나왔다. 특히 윤석열 대통령이 이 문제를 바로잡으려 비상계엄을 선포했다는 사실이 드러나면서,

부정선거를 음모론이 아니라 사실로 보는 인식이 확산되고 있다.

미국의 동아시아 전문가 고든 창 박사도 6·3 대선을 앞두고 미국 언론 인터뷰에서 "한국의 차기 대선에서도 부정선거가 일어날 가능성은 99%, 어쩌면 100%"라고 말했다. 한국 선거의 부정 문제는 국제적으로도 주목받는 사안이 되었다.

더욱이 고든 창, 모스탄, 존 밀스 대령 등 미국 전문가들이 대한민국 총선·대선을 관찰하며 명백한 부정이 있었다고 평가하고, 선관위를 범죄집단이라고 지목하기도 했다. 나아가 대한민국 부정선거의 배후로 중국의 왕후닝을 언급하는 존 밀스 대령의 지적까지 있었다.

또한 트럼프 제2기 정부는 2020년 미국 대선의 부정선거 의혹을 집요하게 파헤치고 있는데, 그 조사 자료에 한국 성남 등 한국 연관성까지 등장하고 있다. 따라서 FBI의 2020년 대선 부정 수사 등 결과에 따라 한국 부정선거의 실체가 추가로 드러날 가능성이 있다.

2020년 4월 총선 통합선거인명부

2020년 4월 제21대 총선에서는 먼저 통합선거인명부가 극심한 논란을 불러일으켰다. 통합선거인명부는 선거구별로 투표권을 행사할 수 있는 유권자 수를 집계해 기록하는 장부로서, 성명·주소·성별·생년월일 등의 인적 사항이 들어가는 선거의 핵심 자료다.

21대 총선 당시 통합선거인명부의 투명성에 대한 의혹이 지속되었다. 투표자 명단에 사망자가 포함되었다거나, 1800년대 출생자가 투표한 것으로 표시된 사례가 보고되었다. 강원도 양구군의 한 지역구에서는 주민 수보다 투표자 수가 많다는 취지의 제보도 회자되었다.

중앙선거관리위원회(선관위)는 이러한 의혹을 '가짜 뉴스'라며 부인했지만, 2023년 7~9월 국정원과 한국인터넷진흥원(KISA)이 실시한 합동 보안 점검에서 문제점이 확인되었다. 국정원은 결과를 발표하며 "선관위가 해킹에 매우 취약해 선거인명부·개표 결과도 조작 가능한 것으로 밝혀졌다"고 밝혔다.

국정원에 따르면, 인터넷을 통해 선관위 내부망(인트라넷)으로 침투가 가능했고, 유권자 등록 현황·투표 여부 등을 관리하는 통합선거인명부 시스템 역시 해킹 및 조작이 가능한 상태였다.

실제 '사전 투표한 인원을 미투표자로 표시'하거나 '사전 투표하지 않은 인원을 투표자로 표시'할 수 있으며, 존재하지 않는 '유령 유권자'를 정상 유권자로 등록하는 등 선거인명부 내용 변경이 가능했다는 것이다.

대통령 탄핵사태, 체제전쟁… 그 뿌리는 선관위

2024년 12월 대통령 비상계엄과 탄핵 사태, 그로 인한 체제전쟁(내전) 국면의 발화점은 선관위로 지목된다. 선관위가 국민의 의혹을 조속하고 투명하게 해소했다면, 현 국면은 충분히 예방 가능했을 것이다.

윤석열 대통령은 1월 1일 자필 편지에서 부정선거 의혹과 관련해 다음과 같이 밝혔다.

"선거소송의 투표함 검표에서 가짜 투표지 의심 사례

가 다수 발견되었고, 선관위 전산 시스템이 해킹·조작에 취약한 데다, 정상적인 국가기관 전산 시스템 기준에 크게 미달함에도 시정 노력이 보이지 않는다. 발표된 투표자 수와 실제 투표자 수의 일치 여부 검증·확인을 거부한다면 총체적 부정선거 시스템이 가동된 것으로 볼 수 있다."

윤 대통령은 이같이 선관위의 구조·관리상의 문제를 지적하며 "이는 국민 주권을 침해하고 자유민주주의를 붕괴시키는 행위"라고 강하게 질타했다.

차고 넘치는 부정선거 증거들, 선관위와 대법원의 '모르쇠'

2020년 4월 총선은 부정 의심 사례가 다수 노출된 선거로 기억된다. 투·개표 과정에서 색상·규격·글씨체가 상이한 용지가 적발되었고, 해외에서 인쇄된 것으로 의심되는 용지 정황도 제기되었다. 또한 외국 국적 참관인이 다수 참여했다는 주장이 나오며 "도대체 이게 대한민국 선거냐, 중국 선거냐"라는 비판적 여론이 형성되었다.

개표 과정에서도 이례적 장면이 수차례 보고되었다. 중앙일보 보도에 따르면, 충남 부여 정진석 후보 지역에서 참관인들이 특정 후보의 과도 득표에 항의해 재검표를 요구했고, 재검표 후 결과가 뒤바뀐 사례들이 개표장 여러 곳에서 발생했다. 부여군 선관위도 "분류기를 다시 돌려 재검표하는 일은 전국적으로 많다"고 해명했는데, 이는 분류·검증 체계 전반의 신뢰 문제를 드러낸 발언으로 받아들여졌다.

선관위가 투표지분류기 오작동이 없었다고 해명했지만, 개표 장면을 촬영한 다수의 영상을 느린 속도로 분석한 결과, 야당 표가 특정 비율로 여당 후보 쪽으로 분류되는 듯 보이는 장면이 공개되기도 했다.

선거 결과에 불복한 120여 개 선거구 후보가 재검표를 요구하는 선거소송을 제기했으나, 대법원은 장기간 심리 지연 끝에 인천 연수을 민경욱 후보 등 5곳에 한해 재검표를 허용하는 데 그쳤다.

대법관과 참관인이 지켜보는 가운데 진행된 4개 투표구

재검표에서도 정상 범위를 벗어난 투표지가 속속 확인되었다. 이미 분류기를 거친 헌 투표용지 묶음인데도 신권 다발처럼 빳빳한 용지, 2장이 서로 붙은 용지, 관리관 도장 검증이 곤란한 용지(일장기 논란 용지), 초록색 이중 인쇄물(일명 '배춧잎' 용지), 프린터 출력물이 아닌 인쇄소 재단 흔적(이바리) 등 규격·품질 기준에 맞지 않는 용지들이 등장했다는 증언·기록이 남아 있다. 그럼에도 선관위와 사법부는 사실상 이를 받아들이지 않았고, 충분한 설명과 제도 개선 없이 논란을 종결시켰다는 비판을 피하지 못했다.

선거 신뢰를 스스로 무너뜨린 것은 의혹을 경시하고 개선을 미룬 관리 주체의 책임이다. 이제라도 선관위는 전 과정 공개 검증(로그·원본 데이터·장비 무결성), 위험제한감사(RLA) 도입, 외부 독립감사 상시화, 표준화된 재검표 트리거와 즉시 재검표 의무 등으로 신뢰 복원에 나서야 한다. 대법원 또한 선거소송의 지연·축소 심리 관행을 중단하고, 신속·투명한 심리와 공개 검증을 통해 최종 심판의 신뢰를 되찾아야 한다.

사전투표 조작 시비와 '사전투표제 폐지하라'는 여론

가장 크게 시비를 낳은 것은 사전투표의 투표율 전산 조작 시비였다. 사전투표 결과가 본투표와 너무나 다른 결과를 보인 것이다. 통계학자들은 일반 선거에서 보이는 '대수의 법칙'이 무너져 있는 것으로 보아 사전투표율을 조작한 것이 분명하다고 했다. 통계전문가 박영아 교수는 이는 동전 1,000개를 던졌을 때 모두 앞면이 나올 확률과 맞먹는다고 비꼬았다.

더욱 기상천외한 것은 2020년 총선에서 서울·경기·인천 지역의 사전투표(사전관내투표+사전관외투표)에서 민주당과 미래통합당(국민의힘 전신)의 득표율이 63% 대 36%로 일정하게 나타난 점이었다. 당시 조선일보도 우익단체에서 제기한 63% 대 36%의 득표 비율이 가짜뉴스인지 사실인지 확인하기 위해 선관위 자료를 토대로 거듭 재검토했는데, 거의 사실인 것으로 확인되기도 했다(2020년 4월 20일자 기사 '팩트체크… 여야 사전투표 득표 비율 인천 63% 대 36%').

이러한 사전투표의 부정 시비는 2022년 대선, 2024년 총선 등 선거 때마다 일어났고, 2025년 대선에서는 그 정도가 더 심했다. 사실 여부에 대한 검증이 필요하다.

2025년 대선에서의 부정선거 시비

6·3 대선에서도 부정투표 의혹 사례가 다수 보고되었다. 미국 선거감시단과의 합동 감시 활동이 진행되는 가운데서도 현장 발굴 사례가 잇달았다. 대표적 근거로 아래와 같은 항목들이 거론된다.

첫째, 사전투표와 본투표 간 극단적 편차다. 사전투표와 본투표 간 불과 3일 차이임에도 결과 괴리가 통상 범위를 크게 넘어섰다는 지적이다. 본투표에서는 김문수 53%, 이재명 37.96%로 김문수가 약 15%p 앞섰던 반면, 사전투표에서는 김문수 26.42%, 이재명 63.67%로 이재명이 약 37.25%p 앞선 것으로 집계됐다. 동일 모집단에서 52.25%p 규모의 편차가 발생한 사례는 전례를 찾기 어렵다는 것이 선거 분석가들의 평가다.

둘째, 해외투표의 비정상적 과잉 투표율 의혹이다. 국내 투표율이 약 77%에 그친 상황에서, 이동·절차 부담이 큰 해외투표율이 80% 이상을 보였다는 점은 합리적 설명이 필요하다는 문제 제기가 있었다.

셋째, 투표지분류기 운용 관련 이상 영상 문제다. 고양시 · 파주시 등 개표소에서 시민감시단이 촬영한 영상 가운데, 고양시 덕양구 개표소 사례의 경우 특정 후보 표 3,025장이 연속 분류되는 장면이 포착됐고, 투표지 일련번호가 순서대로 찍혀 있었다는 제보가 있다. 이에 대해 "분류 완료 후 계수기 영상"이라는 반론도 있으나, 덕양구 사례는 3,025장 직후 다른 후보 표 9장이 연이어 포착되었다고 하여, 단순 계수기 영상으로 보긴 어렵다는 반박이 제기됐다. 또한 투표함 내 뒤섞여 있던 투표지가 일련번호 순서대로 분류될 수 있었는지에 대한

합리적 설명이 부족하다는 지적이 따른다.

이와 관련해 FN투데이의 선관위 질의에 대해 충분한 해명이 이뤄지지 않았다는 보도가 있었고, 해당 영상을 확인한 모스탄 대사는 선관위의 거버넌스 문제를 강하게 비판하며 "범죄적 관리"라는 강경 표현을 사용했다.

(2) 부정선거 배후는 정권잡는데 올인하는 좌익사상

공산주의자들, 부정선거를 죄로 느끼지 않아

아직도 부정선거 가능성에 반신반의하는 국민들이 있다. 2020년 총선 당시에는 부정선거를 둘러싼 '음모론'이라는 말이 많았다. "사람이 양심이 있는데 선관위가 설마 부정선거를 그렇게 노골적으로 할 수 있겠어", "모든 선거 종사자들이 동참해야 하는데 가능한 일이야" 같은 반응이었다. 아무리 설명을 해도 부정선거 자체를 믿으려 하지 않았다.

저자는 2020년 말, 애국 활동을 하는 원로교수·공안검사 출신 변호사·전직 대사 등 주요 인사들이 모인 자리에서 특강을 한 바 있다. 2020년 총선의 개별 사례를 나열하기보다, 공산주의 세력이 왜 부정선거를 택하는가를 설명하고 북한의 선거 개입 사례와 종북 세력의 부정선거 사례를 열거하는 방식으로 강의했다. 강의 말미에 "이번 총선에서 부정선거가 있었다고 생각하시는 분은 손을 들어보십시오"라고 묻자, 20여 명 중 18명이 "있다"에 손을 들었다. 1명만이 "없다"였고 1명은 애매하다고 답했다. 공안검사 출신 한 분은 "지금까지 본 부정선거 강의 중 최고였다"는 평가를 했다.

부정선거 문제를 설득할 때 무엇보다 효과적이었던 것은, 공산주의자들은 수단과 방법을 가리지 않고 부정선거를 통해 정권을 장악하려는 경향이 있다는 점을 이해시키는 것이었다.

북한·중국·옛 소련과 동독·폴란드 등 동유럽 국가를 포함해 지금까지 존재했던 공산주의·사회주의 국가는 하나같이 부정선거를 당연시한 채 선거를 치러 왔다. 그래서 선거 때마다 99%에 가까운 득표율로 공산당 일당 독재가 가능했던 것이다.

세계 최초의 공산 국가를 세운 레닌도 다음과 같이 말했다. "프롤레타리아 정권 장악에 도움이 되는 것은 모두 가치 있고 선이며, 진리다." "공산주의자는 법률 위반·거짓말·속임수·사실 은폐 따위를 예사로 해치울 수 있어야 한다."

스탈린 역시 "표를 찍는 자는 아무것도 바꾸지 못한다. 표를 세는 자가 모든 것을 바꾼다"고 했다. 곧 부정선거를 체제 유지의 수단으로 삼는 인식이 명확했던 것이다.

오늘날 중국 공산당이 세계 각국 선거에 영향력을 행사하려는 시도를 보이거나, 북한이 대한민국의 총선·대선에 개입해 온 정황이 반복적으로 제기되는 것 역시 이러한 사상적 특성에서 기인한다.

민노당-통진당의 상상초월 부정선거 사례

민노당→통진당의 부정선거 의심 사례는 상당수인데, 대표적인 것만 살펴보면 다음과 같다.

첫째, 민노당 용산지구당 사태이다. 종북세력은 북한의 지령에 따라 '군자산의 약속'(2001.9)을 개최한 후, 민노당 당권을 장악하기 위해 민노당 속으로 진입하면서 용산지구당 사태가 발생하였다.

NL파(주사파)인 인천연합 등 구성원들이 2001.12 용산지구당 위원장 선거에서 승리하기 위해 대거 용산으로 대거 주소 이전을 하고 당비 대납 등 부정적 방법으로 대의원을 확보해 지구당 위원장 자리를 장악했다가 실체가 드러난 사건이다. 이 때 20여명 이상이 한 집으로 집단적으로 주소를 옮긴 사례도 적발되었다. 종북세력은 이러한 부정적 방법으로 당내로 진입하여 결국 3년 만인 2004년 당권을 장악하였다. 2004년 4월 총선을 통해 국회의원 10석을 차지했다. 노무현 탄핵사태를 이용해 대국민 선동을 한 덕분이었다. 총선 직후인 2004년 5월 한 여론조사기관에서 정당 국민지지율을 조사했는데, 한나라당 25%, 민노당 24%로 나타날 정도로 민노당의 이미지가 높았다. 그만큼 종북세력이 국민선동을 많이 했다는 것이고 국민들은 이들의 실체를 전혀 몰랐다는 것이다.

둘째, 경기동부연합이 민노당의 당권을 장악한 2006년 1월 민노당 당 대표선거를 살펴보자. 당시 문성현 대표, 김선동 사무총장, 이용대 정책위의장 등이 당선되었는데, 북한공작기관이 일심회 간첩단을 통해 개입한 것으로 드러났고, 대부분 북한의 지령대로 이루어졌다. 이것이야말로 부정선거가 아니고 무엇인가?

> ■ 북한의 일심회에 내린 지령문
> "정책위원장으로는 경기동부의 이용대를 내세우고 그 밑에 우리의 영향 하에 있는 사람들을 박아 넣도록 하는 것이 좋을 것"
>
> ■ "현 (문성현) 비대위원장을 당 대표로 하고, 김창현을 사무총장으로밀고 나가도록 하여야 할 것...
> ■ 우(위)와 같은 방향에서 진행하기 어려우면 문성현을 대표로 내세우고 강병기를 사무총징으로하는 안을 실현시킬 수도 ..."

셋째, 2010년 6.2 지방선거에서 북한의 선전선동전의 도움을 받아 민노당이 압승을 거둔 사건이다.

2010년 3.26 백령도 부근에서 해군 천안함이 북한의 어뢰공격을 받아 격침, 46명의 군인이 목숨을 잃은 참사가 일어났다. 북한은 이 사건 이후 마치 전쟁을 일으킬 것처럼 위협하며 "전쟁이냐 평화냐"라는 프레임을 선전해댔다. 이명박 정권에 표를 던지는 것은 전쟁을 선택하는 것이라는 협박성 선전선동이었다. 이에 야당들도 "전쟁이냐 평화냐"라는 프레임을 선거에 적극 활용했다.

이에 많은 국민들은 심리적 공포감을 느꼈는데, 특히 전방 장병들이 가장 심했다. 전방 군인들은 마치 전쟁이

일어날 것 같은 분위기에 공포감을 느끼고 엄마들에게 전화해 "엄마! 한나라당 찍지 마라. 전쟁 나면 아들 죽는다"라고 전화를 했다고 한다. 이에 한나라당 운동원조차도 한나라당을 찍지 않았다고 한다. 그 결과, 최대의 득을 얻은 것이 민노당이었는데, 지방의원, 단체장 포함 142석이나 당선되는 초유의 결과를 얻었다. 2010년 지방선거 이후 대한민국 하부 지방이 급속도로 좌경화되기 시작했다. 이렇게 볼 때, 2010년 천안함 폭침과 지방선거는 의도된 연계성이 있지 않나 싶고, 북한의 "전쟁이냐 평화냐"하는 선전선동이 실제 대한민국 지방선거에 결정적 영향을 미친 선거였다. 그러므로 2010년 6.2 지방선거는 북한의 개입에 의한 부정선거였다고 하지 않을 수 없다.

넷째, 통합진보당의 2012년 총선 비례대표 선출관련 부정선거 사례이다. 통합진보당은 민노당(당권파 이석기 경기동부연합)에다 국민참여당, 진보신당 탈당파 등이 합류하여 창당(2012.12.13.)한 정당이다. 민노당을 통합진보당으로 확대한 것은 2012년 총선에서 승리하기 위해 북한의 지령에 따른 것이라 할 수 있다.

통진당은 민주당과 야권연대까지 이루어 총선에서 큰 승리를 거두었다. 13석의 국회의원, 국민지지율 10.3%, 220만표의 득표를 얻은 것이다.

그런데, 총선 1달 뒤인 5월 통진당 내분사태가 발생했는데, 총선 전 내부 비례대표 선출과정에서 엄청난 부정선거가 자행되었기 때문이다. 이 때 처음으로 온라인 투표방식으로 실시했다. 경기동부연합 수뇌 이석기가 압도적 1위를 차지(1만136표)했는데, 그중 5천965명 즉, 58.85%가 중복IP에 의한 중복투표(부정투표)였다. 특히 전북지역은 중복IP 투표득표율이 100%, 전남지역은 중복IP 투표율이 98.48%였다. 부정투표가 너무나 극심한 것으로 드러나 5명이나 구속되는 사태가 발생했다.

민주당의 부정선거 사례도 만만찮아

민주당의 선거 부정사례도 상당한데, 과거 1997년 12

월 대선, 2002년 12월 대선에서 이회창 후보를 낙마시키기 위해 아들 병역문제를 거짓 폭로했던 이른바 김대업 사건도 있었다. 2004년 4월 총선에서도 노무현 탄핵 사태를 활용한 과도한 편파방송으로 민주노동당과 열린우리당의 압승을 거둔 사례가 있다.

문재인세력에 의한 부정선거도 상당하다. 문재인세력은 2017.5 대통령선거 당시 경인선이라는 단체를 통해 대규모 댓글공작을 자행한 사실이 드러나 법적 처벌을 받은 사례가 있다. 이른바 드루킹사건이다. 이 단체는 포털에 올라오는 주요 언론 기사에 1억회댓글 중 8840만 회 문재인 후보 측근과 공모한 것으로 드러난 것이다. 이 사건으로 배후인물 김경수가 법적 처벌을 받았다.

2018.6 지방선거 부정사례도 드러났는데, 청와대가 문재인 대통령의 친구 송철호를 울산시장으로 당선시키기 위해 선거공작을 한 것이다. 청와대의 하명으로 울산경찰청(황운하청장)이 선거직전 울산시장(김기현) 새

누리당 후보에 대해 수사를 개시하여 낙마시키고 송철호를 당선시킨 부정선거 사건이다. 이른바 송철호 사건이다.

(3) 대한민국 부정선거에 대한 국제연대활동과 대응책

미국 선거감시단 활동 등으로 한국부정선거 인식 확산

모스탄 전 국제형사사법 대사, 존 밀스 대령, 그랜트 뉴썸 대령, 브레들리 테이어 박사 등 부정선거 전문가 4명으로 구성된 미국 부정선거 감시단이 5.26 입국해 대선 감시 활동을 펼쳤다. 그 결과를 한국과 미국에서 수차례 기자회견을 통해 언론에 알리고, 트럼프 정부에도 보고했다고 한다. 부정선거에 대한 국민 인식을 바꾸고 국제 여론화하는 데 크게 기여했다고 본다.

그간 부정선거에 대해 부방대 황교안 대표, 민경욱 전 의원, 박주현 변호사 등 국내 인물들이 꾸준히 노력해 왔고, 고든 창, 존 밀스, 모스탄 등 미국 친한(親韓) 세력이 적극 호응한 것이 주효했다고 할 것이다.

미국은 한국 부정선거 문제에 개입 가능한가?

미국은 다른 나라의 정치 문제에 개입하는 것을 자제하는 문화가 강하다. 그러나 뚜렷한 명분과 법적 근거가 있을 때는 과감히 개입하기도 한다.

트럼프 대통령은 "선거 부정 등 자유민주주의 체제를 위협하는 행위는 국제범죄"라는 인식을 가지고 있다. 이는 중국 공산당의 외국 선거 개입과 한국이 주도하는 A-WEB을 통한 부정선거 전파가 세계 자유민주주의 질서를 위협하는 국제범죄에 해당한다는 관념이다.

트럼프 대통령은 브라질 룰라 대통령에 대해, 부정선거로 당선되고 전임 보우소나루 대통령 탄압에 대한 보복 조치로 관세 50%, 대법원 판사 미입국 금지 조치 등을 과감하게 부과하기도 했다. 또한 부정선거 시스템 수출국인 베네수엘라 마두로 대통령에 대해 세계 최고 수준의 현상금(5,000만 달러)을 걸 정도로, 반미 부정선거 범죄·자유민주주의 파괴 범죄에 단호히 대응해 왔다.

미국은 다른 나라보다 한국 부정선거에 개입할 수 있는

분명한 근거를 가지고 있다. 바로 한미상호방위조약 제3조다. 윤석열 정부는 비상계엄을 선포하기 한 달 전인 2024.10 미국 정부와 한미상호방위조약 제3조의 해석 확대에 합의해 두었다. 한미 양국은 '전통적 군사적 위협'을 넘어, 대한민국에 대한 사이버 공격·우주 공간의 위협도 군사적 공격으로 간주해 양국이 대응할 수 있도록 했다. 따라서 미국은 중국·북한의 해킹 등 사이버전에 직접 개입할 근거가 있는 것이다. 그러므로 중국의 선거 개입 해커 활동, 중국 화웨이 장비 활용, 우마오당의 사이버 대선 활동 등에 대해서도 미국이 개입할 수 있다.

한미상호방위조약에 따르면, 이제 북한과 중국의 사이버전도 전쟁의 한 형태다. 이는 미군 개입의 근거가 될 뿐 아니라, 윤석열 대통령의 비상계엄 선포 근거(전시·사변에 준하는 비상사태)가 되기도 한다. 또한 비상계엄을 통해 입수한 선관위 자료나 미국이 중국 해커 수사를 통해 확보한 자료가 있다면 합법적 증거력을 가질 수 있다.

이 외에도 미국법과 국제법에 입각해 한국 선관위에 대한

조사·처벌이 가능하다는 주장들이 미국 내에서 제기되고 있다. USAID 자금이 A-WEB을 통해 한국 선관위에 10년간 지원된 바 있다고 하며, 이 경우 미국은 당연히 미국법에 근거해 선관위의 범죄 혐의에 대해 직접 조사·처벌이 가능하다는 것이다. 이제 남은 것은 트럼프의 결심뿐이다.

05 미국의 신냉전 전략과 이재명정권 대응

이재명세력은 반미·종북·친중 노선에 따라 윤석열 대통령을 탄핵하고 정권을 쟁취했다. 그러나 정권 초기 예상치 못한 복병이 나타났다. 트럼프 대통령이 휘두르는 관세 협상이라는 초강력 장애물이다.

(1) 트럼프의 신냉전 전략
트럼프 관세정책은 단순한 경제정책이 아니다

트럼프 대통령의 관세정책은 1990년대 이후 형성된 탈냉전 질서를 해체하고, 새로운 신냉전 국제 질서를 구축하려는 국제정치 전략의 일환이다.

트럼프 정부는 출범 후 중국 공산정권을 고립시키기 위한 봉쇄정책을 전방위적으로 추진해 왔다. 넓게 보면, 미국을 중심으로 EU·일본·한국·필리핀·호주 등 친미 자유민주 진영의 결속을 강화하고, 중국·북한·러시아·이란 등 반미 전체주의 세력을 고립시키는 신냉전 질서를 구축하려는 것이다.

과거 동서 냉전 시기에는 미국 등 자유 진영과 소련 등 공산 진영이 엄격히 분리·차단되어 있었다. 양 진영은 '철의 장막'을 사이에 두고 적대했고 교류가 거의 없었다. 자유 진영 국가들은 반공 의식으로 무장했고, 국민들도 대체로 같은 사상을 공유했기에 사상 갈등이 지금처럼 격렬하지 않았다. 그러나 탈냉전 시대가 되면서 자유민주 진영의 체제 위기가 서서히 다가왔다.

1990년 전후 소련 등 동구 공산권이 무너지고 중국이 개혁·개방으로 나아가자, 미국 등 자유 진영은 이들을 환영했다. "공산주의 시대는 갔다", "자유민주주의가 승리했다"는 환상에 사로잡혔기 때문이다. 이로써 글로벌 시대, 세계화의 시대가 열렸고, 자유민주 국가들과 공산주의 국가들 사이의 담벼락이 허물어지며 하나의 지구촌으로 변해 갔다.

자유민주 국가들이 공산국가를 포용한 것은 교류를 통해 자연스럽게 공산주의가 약화되고 자유민주주의 체제로 전환될 것이라는 기대 때문이었다. 그러나 이는 대착각이었다. 특히 중국은 공산주의 사상을 버리지 않았다. 오히려 개방의 기회를 활용해 부와 세력을 급속히 확대했고, 이를 바탕으로 미국의 패권에 도전하기 시작했다. 미국은 뒤늦게 사태의 심각성을 깨닫고 본격 대응책에 나섰다.

트럼프 정부가 추진한 관세정책과 우방에 대한 군사정책(국방비 5% 등)은 단순한 경제·군사정책이 아니다. 자유민주주의 체제를 수호하려는 반공 정책의 일환이다.

결국 트럼프 정부의 관세정책은 중국·러시아 등 구 공산진영과 자유 진영 사이에 담벼락을 다시 세우는 작업이다. 이를 통해 공산 진영의 확산을 차단하고, 자유 진영을 보호하기 위한 반공 질서를 구축하려는 시도다. 그야말로 신냉전 질서 구축 작업인 것이다.

트럼프, 한국의 미-중 양다리 외교 용납하지 않는다

트럼프 정부는 각 국가와 관세 협상, 군사 교류에 앞서 묻는다. "너희는 중국 편이냐, 미국 편이냐?", "중국을 적으로 보느냐, 친구로 보느냐?"

그런 뒤 "중국은 적이 아니다"라는 나라와 "중국은 적이다", "우리는 미국 편이다"라는 나라를 명확히 구분해 대응하고 있다.

트럼프 정부는 그동안 한국·EU 등 자유 진영 국가들이 취해 온 "미국도 친구, 중국도 친구"라는 양다리 외교를 더 이상 허용하지 않겠다고 선포했다. 대부분의 자유 진영 국가는 트럼프의 정책을 이해하고 적극 호응하고 있다.

트럼프는 한국에 묻고 있다. '중국이 적이냐 아군이냐?'

한국은 그동안 "한·미 동맹", "미국은 혈맹"을 강조하면서도 미·중 사이에 안미경중(안보는 미국, 경제는 중국), 균형 외교, 실리 외교라는 이름으로 양다리 노선을 펼쳐왔다.

지금 트럼프 2기 정부는 한국 정부에 더 이상 그런 모호한 이중 관계를 용납하지 않겠다고 선언했다. 이재명 정권에도 "중국 편이냐, 미국 편이냐"를 거듭 묻고 있다. 선택을 요구하는 것이다. 이재명 정권은 겉으로는 친미로 포장하면서도 속으로 친중·친북하는 이중 플레이를 하기 어려운 궁지에 몰리고 있다. 트럼프는 이재명 대통령을 선택한 국민에게도 묻는다. 대한민국은 어디에 설 것인가? 한·미 동맹이냐, 한·중 연맹이냐?

트럼프 대통령이 이런 분명한 대적관을 요구하는 이유는 중국과의 전쟁을 대비하고 있기 때문이다. 전쟁터에서 대적관만큼 중요한 것은 없다. 대적관이 다른 병사와는 합동작전이 성립하지 않는다. 언제든 적으로 돌변할 수 있기 때문이다. 적군보다 아군 내부의 적이 더 위험하다. 아군이 자멸할 수 있기 때문이다.

미국은 한국에 주한미군의 역할 변경을 시사하고 있다. 주한미군은 북한의 남침을 막는 존재를 넘어 중국의 침략 억지까지 확장된 임무를 수행하게 될 것이다. 미국은 이를 "동맹의 현대화", "전략적 유연성"으로 설명한다. 한미상호방위조약에 따르면, 주한미군은 북한군 남침만 막는 존재가 아니라 인도·태평양 지역에서 양국이 무력 침략을 당할 때 공동 대응하는 존재임이 분명하다.

나아가 트럼프 정부는 한국전쟁 이후 70여 년간 주한미군이 북한군의 남침을 저지해 온 것처럼, 이제는 한국군도 미국(괌·대만 등)을 위협하는 중국군을 억지·차단하는 데 동참할 것을 요구하고 있다. 한미상호방위조약은 미국이 한국만 일방적으로 도와주는 조약이 아니라, 한국도 미국을 돕는 상호 방위 조약이기 때문이다.

그런데 만약 한국이 "중국군은 적이 아니다", "중국군과 싸울 수 없다"고 답한다면 한·미 동맹은 사실상 파기되는 것이다. 주한미군은 북한군 남침 때 함께 싸워줄 이유도, 대한민국에 남아 있을 이유도 사라진다. 한국은 친중·반미 적대국으로 규정될 것이며, 자유 진영에서 북·중·러 공산 진영으로 넘어가는 결과를 뜻한다.

미국은 한국에 다시 묻고 있다. "6·25전쟁 때 미군이 한국군과 함께 중국군을 막았던 것처럼, 앞으로 미군이 중공군과 전투할 때 한국군은 함께 싸울 것인가?"

이제는 이재명 정부가 답해야 할 차례다. 그 대답의 결과는 5,200만 국민이 감당해야 할 것이다. 그것이 곧 대선에서 그를 선택한 대가다.

트럼프는 한국에 묻고 있다. '북한이 적이냐 아군이냐?'

트럼프 정부는 이재명 정부를 향해 다시 묻고 있다. "북한이 적이냐, 친구냐?" 어떤 대적관을 가지고 있는지 확인하고 있다. 이재명 정권의 통일부 장관, 노동부 장관도 "북한은 주적이 아니다"라고 청문회에서 답했다. 이것이 이재명 정권의 실상이다.

2003년 대한민국 육사 가입교생을 대상으로 "주적이 누구냐?"라는 여론조사를 했는데, 미국이다(34%), 북한이다(33%)라는 응답이 나와 큰 충격을 준 적이 있다. 2002년 12월에 있었던 반미 촛불시위(일명 효순·미선 사건 반미 촛불시위, 의정부 여중생 미군장갑차 압사 사건 관련 반미 촛불시위)의 영향이었다. 당시 김충배 육사 교장이 올바른 역사관을 가르쳐 졸업 때는 정상화되었다고 한다.

한국 정부와 한국군이 "북한군은 적이다"라는 관념을 가지면 주한미군과 합동 군사작전을 할 수 있지만, "북한군은 적이 아니다"라고 하면 한·미군의 합동 군사작전은 불가능하다. 합동작전은 공통의 적을 대상으로 하는 것이기 때문이다. 미국의 중요한 작전정보가 북한에 넘어갈 위험성도 있다. 아군의 자멸을 초래할 수 있다.

트럼프 대통령은 모든 나라와 관세 협상, 안보 협상을 할 때 반드시 대적관을 묻고 확인하는 이유가 바로 그것이다. 적을 이롭게 하지 않겠다는 것이다.

(2) 이재명정부의 미국과의 관세협상

이재명정부, 관세협상에서 큰 손해를 본 이유

이재명 정부는 미국과 뒤늦은 관세협상에 나서는 바람에 큰 피해를 보았다. 7.30 미국정부와의 관세협상에서 25%에서 15%로 낮추기 위해 과도한 대미 투자를 약속했다. 대한민국의 외환보유액이 4,000억 달러(2025년 4월 기준)에 불과한데, 이재명정부가 미국에 투자하기로 한 것이 무려 3,500억 달러(약 500조원)에 달했고, 추가로 1,000억 달러(약 139조원) 상당의 천연액화가스(LNG) 등을 구입하는 것까지 약속했다. 이러한 무리한 약속은 트럼프로부터 이재명 정권의 정당성을 인정받으려는 조급한 의도가 있었다는 평가가 많다. 게다가 8.25 트럼프-이재명 양자회담에서 기업들이 1,500억 달러를 추가 투자하기로 함으로써 총 6,000억달러로 증가했다. 이러한 투자는 일본(5,500억달러)을 넘어 세계 최고의 투자액인 것이다.

이러한 과도한 투자를 약속했음에도 불구하고 아직 관세협약에 서명조차 이루어지지 않고 있다. 이는 협상능력 부재도 있지만 이재명 정권의 본질적 한계 때문이다. 곧 극좌·친중·친북 성향 때문이다. 트럼프 정부가 이재명 정권을 불신한 근거는 ▷중국의 선거 개입 등 중국 연계성, ▷반미·친북·친중 세력의 이재명 정부 포진, ▷윤석열 대통령과 자유민주 세력에 대한 내란 프레임 인권 탄압, ▷특검의 오산 미군기지 압수수색 등 반미·반자유민주주의 노선에 있다.

그래서, 윤석열 정부 당시 한덕수·최상목 팀이 계획대로 협상했다면 세계에서 가장 먼저, 매우 유리한 조건으로 협상을 마무리했을 것이라는 주장이 설득력을 얻고 있다.

관세 협상 과정에서 미국의 분노를 가장 크게 산 것은 특검의 7.21 오산 미군기지 압수수색 사건이다. 오산 공군기지(레이더 시설)는 미군이 관할권을 가지고 있는데, 특검이 미군의 허락 없이 무단으로 압수수색을 단행했다는 것이다. 이 시설은 북한을 비행하는 모든 항공기를 추적하고 실체를 파악할 수 있는 미군 정찰자산(U-2기)의 비행 루트 정보까지 보유하고 있는, 제2급 보안 사항에 해당한다.

이를 보고받은 트럼프 대통령은 크게 화를 내고 한국과의 관세 협상 일정을 모두 중단시켰다. 그래서 루비오 국무장관은 위성락 안보실장과의 관세 협상 면담을 취소했고, 빈센트 재정장관도 부총리팀 면담 일정을 일방적으로 취소했다.

관세 협상 과정에서도 농민·축산 단체의 반미 시위가 있었고, 윤석열 대통령 탄핵 집회를 180여 회나 주도했던 김민웅(김민석 총리의 친형, 이재명과 친밀)이 이끄는 촛불행동의 반미 시위도 이어졌다.

이재명 정부가 이러한 반미 시위를 방치한 것은 협상을 유리하게 이끌려는 의도였을지 모르나, 트럼프의 전략과 의도를 제대로 읽지 못한 행동이었다. 오히려 관세 협상에 훨씬 불리한 결과를 낳았다. 이것이 세계에서 가장 늦게, 가장 큰 피해를 본 협상 결과를 초래한 결정적 이유다. 트럼프는 브라질(관세 50%) 등 반미 국가, 자유민주주의 탄압 국가에는 가혹하게 관세 폭탄을 터뜨린다는 점을 유념해야 한다.

이재명정부, 갑작스럽게 굴종적 관세협상으로 돌변한 이유

이재명정권은 장관 등 임명에서도 알 수 있듯이 트럼프 대통령에 대해 우호적이지 않은 기류가 있었다. 반미 성향의 인식이 저변에 깔려 있었다는 평가도 있다. 관세협상에 대해서도 호의적이거나 적극적인 태도는 아니었고, 쉽게 양보하지 않겠다는 기류가 감지됐다.

이재명 자신도 "미국과 관세협상을 서두르지 않겠다"는 발언을 한 바 있다. 그는 관세협상을 앞두고 NATO 회의에 불참해 트럼프 대통령과의 직접 접촉을 피하는 듯한 행보를 보였고, 협상 준비회의에도 직접 참여하지 않았다.

이재명정권은 협상 테이블에 주한미군 전시작전권(전작권) 조기 환수 제안을 올려 협상 지렛대로 활용하려는 태도를 보이기도 했다. 트럼프 대통령의 주한미군 주둔비 100억 달러 요구에 대해서도 "말도 안 된다"는 강한 유감 표명이 있었다. 예컨대 트럼프 대통령이 '한국은 주한미군 주둔비를 100억 달러 정도 내야 한다'고 주장한

데 대해, 더불어민주당 진성준 정책위의장은 7.9에 "무례하다"고 반발했다. 그런 점에서 이재명정권이 관세협상에서도 쉽게 타협할 의사가 없었다고 볼 수 있다.

그러나 일본·EU·필리핀 등 각국이 트럼프 행정부의 요구에 파격적 조건으로 응하면서 상황 인식이 급변했다. 이재명정부는 대기업 총수들까지 참여시키는 방식으로 협상에 나섰고, 협상 종료 직전 약 4,500억 달러 투자안 등 대규모 패키지로 입장을 급전환했다. 당초 수용 여지가 작아 보이던 재정·투자 부담을 불과 20여 일 만에 '500조 원 이상' 규모로 확대하는 결과가 되었고, 사실상 대폭 양보로 결론 났다.

(3) 트럼프-이재명 양자회담

2025년 8월 25일 미국 백악관에서 트럼프와 이재명 간의 양자회담이 열렸다. 7월 30일 관세 협상을 확정하는 자리였지만 관세 협상 서류도, 협정 서명식도 없었다. 모든 의전은 생략되었다.

이번 행사는 관세 협상보다 서로 피아를 분별하기 위한 정치적 논쟁점을 탐색하는 자리 같았다. 겉으로는 웃는 얼굴이었지만 돌아올 수 없는 사이라는 점을 재확인한 자리였다.

이번 양자회담 과정에서 가장 긴박했던 사건은 회담 3시간 전 트럼프가 SNS에 올린 글이었다.

"지금 대한민국에서 무슨 일이 일어나고 있나? 숙청, 혁명이 일어나고 있는 것 같이 보인다. 그런 상황에서는 그곳에서 사업을 할 수 없다."

이 말로 인해 이재명 팀은 사태를 수습하느라 소동을 벌였다.

도대체 왜 트럼프는 회담 직전에 이런 발언을 했을까? 좌익 진영이 회담이 원만하게 잘 진행되었다고 자위하고 있는데, 과연 그럴까?

뉴트 깅그리치 전 하원의장, "왜 트럼프가 그런 말을 했을까?"

트럼프와 친밀한 뉴트 깅그리치 전 하원의장은 양자회

담 이틀 뒤인 8월 27일 『워싱턴 타임스』에 "한국의 자유와 민주주의 위기 — 숨 막히는 급습"이라는 기고문을 실었는데, 여기서 왜 트럼프가 "숙청, 혁명"이라는 말을 했는지를 설명했다.

그는 친한파로서 이재명 정권에 대해서도 긍정적으로 보던 인물이었다. 그는 한국의 보수주의자들이 '이재명은 친중 공산주의적 인물'이라고 비판하는 데 동의하지 않았고, 이재명 측근들의 "그러한 우려는 과장"이라는 말을 오히려 믿었다고 말했다.

그러나 "이재명 정부가 한국의 정치와 종교에 숨 막히는 공격을 가하는 것을 보고 생각이 바뀌었다"는 것이다. 그는 이재명 정권이 '1,000여 명이 넘는 경찰과 검찰을 보내 특정 목회자의 집과 사무실을 급습'했고, 특정 종교단체를 탄압하기 위해 '보수 정당을 압수수색' 시도하기도 했으며, '오산 미군기지를 미국의 허락 없이 급습'하는 오만한 행태를 보였다며 큰 충격을 받았다고 했다.

트럼프 대통령이 그러한 상황을 정보기관으로부터 보고

받은 뒤 트루스소셜(Truth Social)에 "숙청, 혁명"을 언급한 글을 올렸다는 설명이다.

즉, 트럼프 대통령이 단순한 오해로 글을 올린 것이 아니라는 뜻이다. 미국 CIA 등 정보기관의 정보 역량을 아는 사람이라면, 트럼프 대통령이 오해에 근거한 부정확한 글을 올렸다고 보기는 어렵다.

트럼프-이재명 양자회담에서 거론된 논쟁점들

트럼프–이재명 양자회담은 1차 공개회담과 2차 비공개 회담을 합해 총 3시간 진행되었다. 1차 공개회담은 한·미 기자단이 지켜보는 가운데 트럼프 주도로 이루어졌고, 중간중간 이재명에 대한 해명 기회도 주어졌다. 공개회담 약 50여 분 중 한국 관련 질의·응답은 10여 분에 그쳤는데, 핵심은 다음과 같다.

첫째, 한 기자가 트럼프 대통령의 3시간 전 SNS에 올라온 "숙청, 혁명" 등 표현에 대해 해명을 요구하자, 트럼프는 "정보기관으로부터 교회에 대한 급습이 있었고, 일부

교회가 폐쇄되었다는 보고를 받았다. 그 문제는 나중에 논의하자"라고 답했다. 즉답을 피한 셈이지만, 이재명 정권에 대한 사상적 의심을 거두지 않았음을 시사한다.

둘째, 트럼프가 가장 심각하게 본 사안은 '교회 탄압'이었다. 그는 "한국의 새 정부가 최근 며칠 사이 교회에 매우 악랄한 급습을 벌였다"고 말했다. 미국은 기독교 전통과 종교의 자유를 중시하는 나라로, 교회·목회자 보호를 핵심 가치로 본다. 신앙·표현의 자유를 기본권으로 간주하는 자유민주주의 관점에서 강제 수색은 좌시하기 어렵다는 인식이 깔려 있다.

셋째, 트럼프를 가장 분노케 한 사안은 내란·외환 특검팀의 오산 미 공군기지 압수수색이었다. 특검은 윤석열 대통령의 외환죄 입증을 위해 오산기지를 압수수색했는데, 저지 역시 과거 오산기지 지하 벙커를 방문해 한반도 상공의 비행체를 실시간 식별하는 그곳의 성격을 확인한 바 있다. 이 모든 정보는 미군 정보자산에 기반한다. 그런데 특검이 한국 공군 지휘부의 허가만 받고 미

측과 협의 없이 압수수색을 강행한 것은 중대한 절차 위반이었다. 이에 격분한 트럼프는 즉시 위성락 등 관세협상팀과의 접촉을 중단하고, 재무장관 방미도 취소했다. 관세협상 교착의 결정적 계기였다고 볼 수 있다.

넷째, 트럼프는 내란 특검 등 3개 특검의 강압 수사에 대해 매우 비판적이었다. 그는 바이든 정부 시절 자신을 상대로 각종 수사를 지휘했던 잭 스미스 특별검사를 두고 평소 "미친 잭 스미스", "정신 이상자 잭 스미스"라고 불러 왔다고 한다. 그만큼 특검에 대한 거부감이 크다는 의미다. 이번에도 트럼프는 한국 특검의 강압적 행태를 거론하며 "혹시 그 특검이 미친 잭 스미스 아니냐, 미국에서 데려온 것이냐, 그는 병든 사람이다"라고 직격했다가, 곧 "농담이다"라고 누그러뜨린 뒤 다시 "사실일지도 모른다"고 덧붙였다. 그는 "비공개회담에서 다시 이야기하자"라는 말을 던졌는데, 트럼프를 아는 인사들은 분노를 억누른 트럼프가 "절대 그냥 넘어가지 않겠다"는 의지를 보인 것이고, 강력한 추궁이 있을 것으로 예상했다고 했다. 향후 특검이 같은 행태를 지속할 경우 트럼프 행정부와의 충돌이 불가피해 보인다.

다섯째, 트럼프는 대화 중 평택 미군기지의 미국 소유권 확보를 요구하기도 했다. 이는 공산 세력이 정권을 잡더라도 미국은 한국을 포기하지 않겠다는 의지 표명으로 해석된다. 정권 교체와 무관하게 한미동맹을 확고히 유지하고, 평택기지를 대중(對中) 전진 기지로 활용하겠다는 신호로 읽힌다.

여섯째, 이번 회담에서 이재명의 핵심 발언은 윤석열 대통령의 비상계엄 선포를 '친위 쿠데타'로 규정한 대목이다. 그는 트럼프에게 특검의 미군기지·교회 압수수색을 둘러싼 논란과 관련해 "지금 대한민국은 친위 쿠데타로 인한 혼란이 해소되지 않은 상태이며, 내란 상황에 대해 국회가 임명·주도하는 특검이 사실 조사를 진행 중"이라고 설명했다. 이는 거짓말이기도 했지만(특검은 이재명이 임명),트럼프의 문제 제기를 정면 반박한 것이다. 트럼프가 교회 탄압·오산 압수수색·특검 과잉 수사를 문제

삼자, 이재명은 "윤석열의 친위 쿠데타를 수사하는 과정에서 벌어진 적법한 조치"라는 논리로 대응한 셈이다.

이재명은 비상계엄 직후부터 지속적으로 '친위 쿠데타' 규정을 써 왔다. 2024년 12월 5일 "전제군주를 꿈꾼 친위 쿠데타"라고 비판했고, 2025년 7월 13일에는 "비상계엄은 영구 집권 욕망에서 비롯된 친위 쿠데타"라고 주장했다.

이재명 관점에서 윤석열 대통령은 내란범, 내란 특검은 정당한 수사가 된다. 반대로 트럼프는 윤석열 대통령의 비상계엄은 내란이 아니며, 내란 세력은 오히려 윤석열

대통령을 박해하는 이재명 정부라는 인식을 보였다. 두 사람의 세계관(사상) 차이로 인한 정치적 인식은 정면 충돌 중이며, 머지않아 큰 충돌이 일어날 가능성이 크다.

2차 비공개 회의, 도대체 무슨 일이 있었나?

가장 궁금한 것은 2차 비공개 회의에서 무엇이 있었느냐는 점이다. 구체적 내막은 확인되지 않았지만, 상당한 수준의 심문성 질의가 있었을 것으로 보인다.

미국 국무부의 한 고위 관료는 양자회담과 관련해 "이재명은 속임수를 쓰려다 여러 번 얼굴에 주먹을 맞았다", "승리할 때를 알아야지"라고 말했다고 한다. 설명이 받아들여지지 않아 직격탄을 맞고 여러 차례 당황한 상태에 빠졌다는 취지로 해석된다. 실제로 2차 회담 전에는 한한 얼굴이었으나, 회담 후에는 붉고 무겁고 어두운 표정으로 바뀌었고, 퇴장 시 트럼프 대통령의 문밖 환송도 없었다고 전해진다. 이를 통해 상당히 엄중한 공방이 있었음을 유추할 수 있다.

그런 탓인지, 그날 저녁 예정에 없던 CSIS(전략국제문제연구소) 대상 질의응답 행사를 급히 열었고, 여기서 이재명은 '지금까지 한국은 안미경중(안보는 미국, 경제는 중국)이라는 실용외교 노선을 취해 온 것은 사실이다. 그러나 미국이 중국을 고립화하는 국제 환경 하에서 과거와 같은 태도를 취할 수 없다. 트럼프 대통령과 함께 한미동맹 입장에 확실히 서겠다'라는 취지의 발언을 했다. 말로 볼 때는 반미·친중 노선에서 이탈해 미국 편에 서겠다는 분명한 선언이다. 그러나 이재명정권의 특성상 본심과 상당히 다를 수도 있다.

트럼프와 이재명정권간 향후 충돌 가능성 점증

이재명정권은 겉으로 한미동맹, 내밀히는 친중노선을 유지하고 있어, 한미간 충돌 가능성이 높아지고 있다. 이재명은 한미양자회담을 위한 미국행 비행기 안에서 주한미군의 현대화에 대한 기자 질문에 "유연화에 쉽게 동의하기 어렵다"며 난색을 표했다.

이재명은 한미양자회담에 앞서 대통령 특사단을 중국에 보냈고, 중국 전승절 행사(9.3)에도 우원식 국회의장을 대표단으로 보냈다. 이번 전승절 행사는 중국을 중심으로 러시아·북한 등 반미 구공산국가들이 단합하는 모양새였다. 자유민주국가들은 참여하지 않았는데, 한국만이 참여함으로써 미국을 자극했을 가능성이 크다.

전승절 다음날(9.4) 미 이민당국은 조지아주 현대자동차의 전기차 배터리공장 건설현장을 급습해 한국인 300여 명 등 450여 명을 체포한 일이 발생했다. 헬기, 장갑차까지 동원하고 쇠줄로 손발을 묶어 구금하기까지 했다. 이재명정권에 대한 불신과 민노총의 과격 이미지가 사태를 악화시킨 한 요인이라는 것이 중론이다.

트럼프, 이재명 정권과는 관세 협상·사업 하지 않을지도

트럼프가 말한 것처럼 한국에서 공산혁명이 일어나고 내란 청산 미명 아래 반동분자 숙청이 진행 중이라면, 대한민국이 향하는 방향은 공산 국가일 것이다. 그렇다면 이재명 정권과 신뢰를 전제로 한 관세 협상, 조선 협력 등 경제 사업을 공동 추진하기 어렵다. 한국의 대미 투자와 기업의 미국 진출이 중국의 대미 우회 침투로 활용될 수 있다는 지적도 있다. 미국은 중국의 허위·기망에 속아 현재와 같은 큰 고통을 겪고 있다는 인식이 강하다.

실제 이번 양자회담에서 드러났듯이 트럼프는 관세협상에 관심이 있는 것이 아니고 "이재명은 어떤 사람인가?" 확인하는 데 포커스가 있었던 것으로 평가되고 있다. 양자회담에서 관세 논의도 진척이 없었고, 관세 협정 서명식도 열리지 않았다. 지금 대한민국에는 자동차 등에 25%의 관세가 적용되고 있다.

(4) 이재명정권, 앞으로 어떤 길을 갈 것인가?

이재명정권, 숨어서 칼을 가는 도광양회의 길을 갈 것

이재명정권은 트럼프의 압력에 의해 겉으로는 굴복하는 모양새를 갖추고 있다. 그러나 그들이 지향해온 노선을 일시에 포기할 수는 없을 것이다. 오히려 숨어서 칼을 가는 도광양회(韜光養晦)의 길을 갈 것이다. 도광양회란 칼을 갈 때 빛이 새어나지 않게 하라는 고사 성어로, 등소평이 개혁개방을 추진할 때 내세웠던 캐치프레이즈다. 자신을 드러내지 않고 실력을 기르라는 뜻이며, 힘을 완전히 기른 후 칼을 드러내라는 의미다.

이재명은 대선 전 등소평의 흑묘백묘론을 자주 거론했다. 미국에 대응하는 등소평의 철학을 지닌 듯하다. 공산주의 철학을 버리지 않고 언젠가는 도전하겠다는 의중을 보이는 것이다.

그래서, 좌익인사가 양자회담에 대해 "시간을 벌었다"고 안심하는 것을 보았다. 국내 정권 안정화를 기할 때까지 절대적 시간이 필요하다는 것일 거다. 미국 트럼프 대통령의 비위를 상하게 하지 않으면서, 가장 위협적인 존재인 윤석열 대통령과 주변 세력을 제거하는 데 총력을 기울일 것이다. 나아가 각종 법률·명령·조례 등 법 체계를 활용해 사회주의적 독재 체제로 만들어 가려 할 것이다. 빠른 속도로 특별재판부를 만들려는 의지에서 엿볼 수 있다. 특별재판부는 공산혁명정권이 반동분자를 숙청하기 위해 만들어지는 인민재판소가 아닌가 하는 의심을 받고 있다.

이재명정권은 입법·행정·사법을 장악한 데 이어 2026년 지방선거 압승을 통해 모든 지방 권력을 장악함으로써 영구 집권 체제를 구축하려 할 것이다. 아울러 야당 탄압(위헌정당 해산 등)을 통해 더불어민주당이 200석을 확보한 뒤 헌법을 개정, 자유민주주의 체제를 종결하고 반미·친북·친중 좌익 독재 체제를 구축하는 방향으로 나갈 것이다.

이렇게 이재명 일극 체제를 구축하고 체제 변혁을 완료하면, 그때서야 비로소 미국과의 충돌도 마다하지 않을 것이다.

이재명은 대선 직전 트럼프와의 통상협상과 관련한 기자의 질문에 "필요하면 (트럼프 대통령) 가랑이 밑이라도 길 수 있다"면서도 "저도 만만하지 않다"고 한 말이 떠오른다.

트럼프정부, 이재명정권에 어떻게 대응할 것인가?

트럼프 대통령은 이재명정권의 실체를 파악하고 대응하는 듯하다. 그 결과가 관세 협상에서의 트럼프의 압승으로 나타났다. 향후 트럼프는 국방비 5%, 주한미군 주둔비 100억 달러도 관철시키고, 한미 연합군이 중국군에 대응할 수 있도록 체계를 이끌 것이다. 이재명 정부도 이를 수용하지 않을 수 없을 것이다.

이재명정권의 방향에 대해 좌익 언론과 좌익 세력도 크게 반발하지 못하고 오히려 긍정 여론을 퍼뜨리고 있다. 이재명정권이 타협한 것을 공개적으로 비난하기 어렵기 때문이다. 동시에 트럼프 정부와 정면 대결이 불가능한 국제 현실을 인식했기 때문이기도 하다.

이러한 과정을 통해, 1980년대 주사파 종북좌익 세력과 좌경 성향 국민이 그동안 가졌던 반미 공산혁명 사상의 오류를 깨닫는 계기가 되길 바란다.

그러나 큰 기대는 금물이다. 사상은 쉽게 바뀌지 않는다. 또한 이재명 한 사람의 문제가 아니라, 이재명정권을 뒷받침하는 거대한 반미 좌익 세력이 전국적으로 존재하기 때문이다.

공산 혁명 사상을 포기하지 않은 이재명정권 주도 세력의 조직력과 혁명 투쟁력을 과소평가해서는 안 된다. 중국이 등소평의 개혁개방을 내걸었을 때 "중국이 공산주의를 버리는구나"라고 착각했다가 괴물로 변한 사례를 잊어서는 안 된다. 공산 혁명 세력은 수시로 거짓으로 상대를 속이고 실리를 챙기며, 힘이 커지면 늑대의 이빨을 드러내는 '양의 탈을 쓴 늑대'라는 점을 잊지 말아야 한다.

미국은 원칙적으로 다른 나라의 정치 개입을 하지 않지만, 한국의 공산화는 방치할 수 없다. 한국은 6·25전쟁 때 피를 함께 흘린 혈맹이며, 지금도 국민의 80% 이상이 미국을 신뢰하는 친미 국가다. 기독교 선교사들이 세운 학교와 병원의 전통도 강하다. 한국은 반도체·조선 등 중화학 공업, 군수·원전 산업을 갖춘 세계적 기술 국가다. 이런 국가가 북·중·러 진영으로 넘어가는 것은 트럼프의 신냉전 질서 구축에도 치명적 타격이 될 것이다.

이재명정권은 트럼프 정부의 눈치를 보면서도, 윤석열 대통령과 지지 세력을 내란범·외환범 등 반헌법 세력으로 규정해 일망타진하려 할 것이다. 미국 조야는 한국 자유민주 세력과 협력해 이재명정권의 윤석열 세력 숙청 작업을 반드시 막아야 한다. 그렇지 않으면 대한민국 자유민주주의 세력 자체가 제거될 것이다. 미국은 혈맹 대한민국을 영원히 잃게 된다. '소 잃고 외양간 고치는' 일이 있어서는 안 된다.

06 대한민국세력의 대역전 전략

(1) 국민깨우기운동 만이 대한민국 살린다

인천상륙작전과 같은 역전의 드라마가 시작되다

지금 대한민국은 체제전쟁의 마지막 벼랑 끝에 서 있다. 대통령 탄핵과 6·3 대선을 통해 이재명 정권이 등장함으로써 자유민주주의 체제가 무너질 절체절명의 위기에 직면한 것이다.

이러한 절체절명의 위기가 기적을 낳는 힘이다. 체제 위기를 깨달은 국민들의 저항 의식이 분노감과 함께 누적되고 있기 때문이다. 이것이 대역전극을 펼치는 반전의 에너지가 될 수 있다.

최근 힘겨운 싸움터에 고마운 지원군이 나타났다. 2024년 12월 대통령 탄핵 사태 이후 등장한 2030세대 전사들이다. 이렇게 훌륭한 전사들이 보급되고 있기에, 제대로 된 전략·전술만 수립하면 전세 역전이 가능하다. 전투 방법도 쉽다. 가까운 친지, 지인, 이웃, 직장, 교회 등 체제전쟁임을 깨닫지 못한 이웃들을 향해 국민깨우기운동을 전개하면 된다.

무엇을 전파하면 되는가? "대한민국은 체제전쟁 중이다. 이 전쟁에서 지면 자유민주주의 체제는 무너지고 공산주의 체제로 간다. 한미동맹이 깨어지고 중국·북한 공산 진영으로 넘어간다"는 사실을 알려주어야 한다. 대한민국 앞에 닥친 이러한 체제 위기를 정확히 인식시키면 단기간 전세 역전도 가능하다.

유권자각성 없이는 대한민국 되살리기 불가능하다

특히 대선, 총선, 지방선거 등 선거는 모든 국민을 깨우는 정치학교, 국민계몽학교 역할을 할 절호의 기회다. 국민대각성운동, 국민대계몽운동을 일으킬 절호의 찬스인 것이다.

과거 국가위기는 무력남침 등 외침이었으나 지금은 내부의 적에 의해 선거라는 합법적인 방법을 통해 다가오고 있다. 그래서 무엇보다 선거에서 유권자의 올바른 각성과 행동이 중요하다.

첫째, 유권자들은 자유민주주의체제가 정상적으로 작동하려면 공정선거가 필수적이라는 인식을 공유해야 한다. 어느 당이 이기든 지든 공정해야지, 공정하지 않으면 자유민주주의체제는 유지될 수 없다는 점을 반드시 명심해야 한다. 북한 중국 등 공산주의국가에서는 선거를 하면 투표율 99%, 찬성율 99%가 나온다. 이것은 선거가 아니다.

공정선거의 조건은 우선 자유로운 선거 분위기, 공정한 선거법, 선관위의 투·개표의 공정한 관리, 투철한 선거 감시, 선거재판의 공정성, 유권자의 각성 등이다. 무엇보다 유권자들이 사소한 것이라도 선거공정성을 헤치는 행위는 용납할 수 없다는 인식이 중요하다.

둘째, 유권자의 각성 없이는 자유민주주의 정상작동 어렵다는 점을 알아야 한다. 왕조국가는 왕이 현명하면 되고 귀족국가에서는 귀족들이 현명하고 국가에 헌신하는 노블레스 오블리주 정신이 있으면 된다. 그러나 자유민주주의국가에서는 일부 지도자들만 현명해서는 안된다. 주권자인 국민들의 다수가 현명해야 한다. 주권행사를 하는 유권자들이 현명하게 판단하여 올바른 지도자를 뽑아아 나라가 정상적으로 운영된다. 유권자들이 달콤한 공짜공약, 복지포퓰리즘에 넘어가 사악한 지도자들을 뽑는 순간 국가가 파국으로 치닫게 된다. 자유민주주의는 국민 모두의 각성을 전제로 하기 때문에 그만큼 성공하기 어려운 체제인 것이다.

베네주엘라도 유권자들이 선거권을 잘못 행사하는 바람에 국가경제가 나락으로 떨어진 대표적 사례이다. 1998년 대선에서 차베스 후보는 노동계를 등에 업고 엄청난 복지 공세, 최저 임금 상향, 공공일자리 제공 등 헛된 공약을 남발하여 유권자들을 현혹했다. 국민들은 차베스를 선택한 잘못으로 부국 베네주엘라가 빈국과 독재국가로 떨어지는 고통스런 과정을 경험했다. 국민들은 2013년 대선에서도 차베스를 이은 마두로를 대통령으로 선출했고, 그 결과 회복 불가능한 국가부도사태에 이르고 있다. 세계 석유매장량 1위로 평가되는 베네주엘라인데 지금은 과거 번성했던 공장에는 풀이 우거지고 중산층 조차도 먹을 것을 찾아 쓰레기통을 뒤지는 상태로 전락한 것이다. 매년 몇배씩 오르는 하이퍼 인플레이션으로 경제가 올스톱 상태다.

베네주엘라 경제 파탄에도 장기집권 왜?

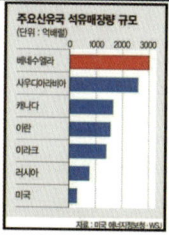

주요산유국 석유매장량 규모
(단위 : 억배럴)

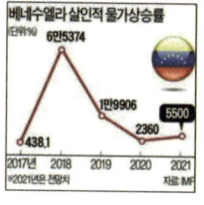

베네수엘라 살인적 물가상승률

**차베스-마두로의
사회주의체제**
- 복지 포퓰리즘 정책
- 좌파 마을장악 정책
(주민자치회 활용)

그 비결은 바로 주민자치회 – 좌파들이 마을유권자 장악

그런데도 무조건 마두로 정권이 압승을 거둔다. 이는 부정선거와 함께 좌익 세력이 입법부 행정부 사법부는 물론 지방 마을까지 완벽하게 장악하고 있기 때문이다. 모든 국민들과 유권자들은 자유로운 의사표현이나 저항운동을 할 수 없는 상태다.

베네주엘라를 이렇게 불행한 사태로 몰고 간 것은 "공짜로 돈 준다", "복지 준다"는 달콤한 말에 속은 결과다. 우리 국민들도 우리의 아들 딸, 손자 손녀들이 영원히 살아야 할 대한민국 미래를 생각하고 달콤한 유혹을 멀리해야 한다.

정당과 선거 후보자의 사상을 반드시 물어야 한다

대통령선거는 대한민국을 운전하는 운전사(통치권자)를 뽑는 행사다. 이 운전사를 뽑을 때 가장 중점적으로 보아야 하는 포인트는 '이 사람이 운전대를 잡으면 어디로 대한민국을 몰고 갈 것인가'이다.

대통령이 되려는 자는 자신의 사상을 분명히 밝혀야 한다. 자신의 사상관을 밝히는 것을 거부하는 것은 용납되지 않는다. 대한민국 국민은 대통령 후보자에게 사상이 무엇인지 물을 자유가 있고, 반드시 꼬치꼬치 물어야 한다. 그의 사상에 따라 대한민국의 운명은 천국과 지옥만큼 달라지기 때문이다.

국민들, 종북세력의 실체를 분명히 알아야

종북세력이란 북한을 추종·맹종하는 세력을 말한다. 이들은 북한의 통치자, 즉 김일성·김정일·김정은을 존경하고 북한의 통치 사상인 주체사상·선군사상 등을 추종한다. 그리고 주한미군 철수, 국가보안법 폐지 등 북한의 통치 노선을 따르며, 연방제 통일 등 북한의 대남 적화 전략을 추종한다.

이러한 종북세력의 개념을 가장 알기 쉽게 설명한 이가 이종철 씨다. 그는 1990년대 초 고려대에 입학해 고려대 총학생회장을 지낸 주사파 출신으로, 1996년 8월 연세대 폭력 사태 당시 고려대 총학생회장을 역임했고, 한총련 활동을 하다가 전향했다. 같이 활동했던 동지들 중 통진당 당권파(경기동부연합)로 간 인물이 많았다고 한다. 그는 2012년 5월 통진당 내분 사태가 일어나자 TV조선

주사파 증언 : 이종철 전 고대총학회장

TV조선
2012.5.29.

종북세력, 실제로 위험한가?

주사파의 목표는 "대한민국을 주체사상의 조국 **북한과 같은 나라로** 만드는 것... **대한민국을 혁명**하고 대한민국의 **자유민주주의체제를 전복**해서 **북한의 사회주의체제를 만드는 것**... 궁극적으로 북한의 **김정은을 통일대통령으로** 만드는 것"

에 출연해 통진당 당권파(이석기 경기동부연합) 등 종북 세력이 얼마나 위험한지 생생하게 증언했다.

"많은 사람들이 종북세력, 주사파의 실체를 잘 모르시는 것 같습니다. 종북세력이라고 하면 북한에 어느 정도 우호적이거나 김일성에 대해 어느 정도 좋게 평가하는 사람들 정도로 생각하시는 것 같습니다. 그러나 종북세력, 주사파는 철저히 북한의 지령에 따라 대한민국을 전복하려는 세력입니다. 대한민국을 혁명하겠다고 하는 세력이죠. 그리고 대한민국을 주체사상의 조국인 북한과 같은 나라로 만드는 것입니다. 대한민국을 혁명하고 대한민국의 자유민주주의 체제를 전복해 북한의 사회주의 체제를 만드는 것이고, 궁극적으로 북한의 김정은을 통일 대통령으로 만드는 것입니다.
… 저는 북한이 무너지기 전까지는 대한민국에서 주사파가 없어지지 않는다고 봅니다."

그렇다. 이석기의 경기동부연합, 즉 통진당 당권파는 대한민국을 파괴하고 김정은에게 종속시키려는 반대한민국 세력으로 규정된다. 이들을 일컬어 진성 종북 세력, 간첩적 성격의 종북 세력이라고도 한다.

2009년 이적단체로 판결된 실천연대 조직원의 김정일

충성맹세문을 보자.

> "...어디에 계십니까, 그리운 장군님. ...장군님 품이 그립습니다. 남녘 민중도 자애로운 장군님 사랑의 품에서 복락을 누릴 그날만을 고대합니다.
> 아, 누구란 말이냐! 그리운 우리 장군님과 남녘 민중을 갈라놓은 놈이 누구란 말이냐! 승리의 날이 멀지 않았습니다.
> 장군님께서 손저어 부르십니다. 어서 오라! 어서 오라! 나의 아들, 딸들아! 나의 동포들아!"
> (주: '그날', '승리의 날'은 '적화통일의 날'을 뜻함)

이런 종북세력과 그 우호세력에게 대한민국 운전대를 맡길 수 있겠는가?

우익 정당과 우익세력, 이재명정권 어디를 공략해야 하나?

2024년 총선이나 2025년 대선을 보면서 가장 한심스러웠던 것은 국민의힘이 이재명 더불어민주당에 대해 사상적 취약점을 공격하지 않고, 불법·부당한 언행과 사건들을 비판하는 데 주력한 것이다. 오로지 대장동 사건, 백현동 사건, 법인카드 유용 문제, 선거법 위반 사건, 형수

욕설 사건 등 불법·부당한 소재로만 비판하는 것이었다.
만약 도덕적·법적으로 하자가 없는 인물이 대통령 후보
로 출마했다면 무엇으로 그를 공략할 것인가? 법적·도덕
적 문제와 자유민주주의 체제를 뒤집으려는 그의 사상
관 중 무엇이 더 위험한가? 대한민국 국민들에게 가장
위험한 것은 그의 사상관이 아닌가?

종북문제는 한번 터지면 대폭발 일어난다

이재명 정부와 더불어민주당의 가장 큰 취약점은 바로
종북 사상 문제이다.

2023년 11월 8일자 자유일보의 논설은 이를 잘 지적하
고 있다.

"국민의 힘 문제가 무능력이라면, 민주당의 고질병은 정
체성 위기다. … 윤석열 대통령부터가 이 문제에 대해
단호하다. 이 문제에 대한 시각이 바로잡히기 시작하면
민주당은 치명타를 입게 된다. 정당 해산 사유이기 때문
이다. 민주당 정체성 문제는 언제 폭발할지 알 수 없다.

한번 터지면 민주당은 회복 불가능하다."

종북 문제는 그냥 넘길 사안이 결코 아니다. 왜냐하면 대한민국과 국민 모두의 행불행을 좌우하는 체제 문제이기 때문이다. 더불어민주당의 사상적 실체를 국민에게 지속·반복적으로 알리는 것이 중요하다. 사상전이 승리의 요체다.

저자는 국방부의 요청에 따라 2012년 초 전군 정훈장교들을 대상으로 종북 세력에 대한 특강을 실시했고, 육군 본부 등 주요 군부대들을 대상으로 많은 순회 특강을 실시한 바가 있다.

당시 강의 제목은 "종북 세력의 실체와 위기의 대한민국"이었는데, 정훈장교·장교·장병들은 한결같이 "종북 세력이라는 말을 처음 들어 본다", "종북 세력이 이렇게 위험한지 몰랐다"며 큰 충격과 함께 폭발적인 각성 운동이 일어났다.

2012년 4월 11일 총선 직후 조00 월간조선 편집장이 쓴 기고이다.

"요사이 군부대를 방문해 보면 종북 세력에 대한 장교단의 자세가 살기등등함을 느끼게 된다. 김관진 장관처럼 이렇게 빠른 기간에 이렇게 큰 조직에 이렇게 많은 변화를 가져오는 이도 드물 것이다."

"김 국방장관이 잘하는 일 하나는 정훈교육. 대한민국 바로 알리기에 열심이다. 북한정권, 종북세력, 한국현대사, 자유민주주의 바로 알리기가 핵심이다. 특히 종북세력을 주적으로 규정, 집중교육을 시킨다."

그는 군부대의 정훈교육이 총선에서 새누리당의 역전승에 큰 영향을 미쳤을 것이라고 분석했다.

"새누리당이 4·11 총선에서 역전승한 데는 이런 정훈교육의 영향이 분명히 있었을 것이다. 특히 강원도 9개 지역구에서 민주당이 전멸하고 새누리당이 전승한 것은… 강원도·경기도, 인천의 접적(接敵) 지역 및 대규모 군 주둔 지역에선 새누리당 후보가 대거 당선되었다. 20여 개 해당 지역구 가운데 새누리당이 17곳(85%)에서 당선자를 냈다."

놀라운 결과다. 강의에서 종북 세력의 실체만을 다뤘을 뿐인데도 이처럼 뚜렷한 정치적 효과가 나타난 것이다.

이 결과를 통해, 전교조 교사들이 교실에서 진행하는 사상 교육이 선거에 얼마나 큰 악영향을 미칠 수 있는지 가늠할 수 있었다.

이처럼 우익·우경 정당이 종북좌익 세력을 알리는 일을 '색깔론' 혹은 '이념 과잉'으로 보고 선거전에 불리하다고 치부하는 것은 오판이다. 결코 불리하지 않았다. 오히려 역전승의 핵심 포인트였다.

이러한 정훈교육은 총선 승리에만 머물지 않았다. 2012년 12월 대선에서 통진당(이석기)과 민주통합당(문재인)의 공동정부 구상을 무너뜨린 요인으로도 작용했을 것이다. 이석기 경기동부연합이 주도하는 통진당의 실체가 만천하에 드러났기 때문이다.

이 같은 종북 강의는 국민이 종북 세력의 실체를 알아차리는 데 상당한 영향을 주었을 것이다. 총선 직후인 5월 통진당 내분 사태가 일어나자, 언론은 통진당 당권파 이석기 경기동부연합의 실체, 일심회 간첩단, 왕재산 간첩단 등 북한과의 연계성을 대서특필했다.

국민은 언론의 종북 세력 보도를 보고 곧바로 그 실체를 분명히 파악할 수 있었다. 그 결과 통진당 지지율은 10.3%에서 2~3%로 순식간에 급락했다. 이로써 통합진보당과 민주통합당이 합의했던 야권 연대도 깨졌고, 12월 대선에서 이석기와 문재인의 공동정권을 창출하겠다는 꿈은 산산조각이 났다. 이듬해 이석기의 RO 사건이 터지고 통진당 해산으로 이어지는 도화선이 된 셈이다.

지금 더불어민주당은 과거의 민주당이 아니다. 통진당 세력이 더불어민주당 속으로 대거 들어가 당 주도력을 행사하고 있다는 평가다. 더불어민주당이 과거 통진당을 닮아가고 있다. 모든 국민이 더불어민주당 등 좌익·좌경 정당들의 종북·친중 등 사상적 실체를 정확히 인식한다면 어떤 일이 벌어질까? 종북좌익·좌경 정당들은 회복 불가능할 정도의 큰 타격을 받을 것이다.

국민깨우기운동, 단기간 가능한가?

국민의힘 등 대한민국세력(자유민주 세력)은 더불어민주당의 사상 실체를 알리는 일을 국민깨우기운동의 요체로 삼아야 한다. 지금 대한민국은 "공산 체제로 갈 것인가, 자유민주주의 체제를 지킬 것인가"를 결정하는 역사적 순간에 서 있다. 다가오는 지방선거 승리 전략은 간단하고 분명하다. 어떤 체제를 선택할 것인가를 묻고, 체제 위기를 간명하게 정리해 지속·반복적으로 알리는 것이 핵심이다.

대한민국세력, 국민깨우기운동 방법은?

0 **종북세력 실상, 공산화 위험성** 등 사실 그대로 전파
0 **간단, 명료, 단순, 명쾌**한 논리로 설명
 - 대중의 공감, 의분 유발
0 **지속 반복** 전파가 핵심

국민깨우기운동이 짧은 시간 내에 가능할까? 가능하다. 대통령 탄핵사태 당시 2030세대들이 대통령의 담화와

고난을 보고 순식간에 깨어나 저항운동을 일으키는 것을 보고 깨달은 것이다.

둘째, 사상 각성은 천천히 순차적으로, 부분적으로, 온건하게 일어나는 것보다 일시에 동시다발적으로, 폭발적으로, 전국적으로, 강력하게 일어나는 것이 효과적이다.

6·25전쟁 때도 그랬다. 당시 국민들은 공산주의·사회주의에 우호적 인식을 가진 사람들이 많았는데, 북한 점령 통치 3개월 만에 완전히 반공 국민으로 바뀌었다. 공산주의 세력의 잔인한 실체를 일시에 전국적으로 경험했기 때문이다.

북한군이 남한 각지 마을에 나타나 마을 내 좌익 주민들과 합세하여 죽창 들고 집집마다 다니며 체포해 인민재판을 통해 처형하는 것을 보고 순식간에 공산주의니 사회주의니 하는 몽상을 완전히 버렸다. 이 반공의식 무장이 이후 대한민국 체제 안정, 고도 성장의 바탕이 되었다.

셋째, 대부분의 국민들은 대한민국과 자유민주주의 체제에 대해 자부심과 긍정적 인식을 가지고 있다. 한·미 동맹을 긍정하고 북한과 중국 공산당 체제를 싫어하는 국민들이 80~90%에 이른다. 그러므로 이러한 국민들에게 진보세력·민주세력으로 포장한 공산주의 세력의 실체를 제대로만 알린다면, 절대로 그들을 지지할 리 없다.

(2) 빅텐트 가능하게 하는 대세이론(대한민국세력은 하나다)
왜 하나로 뭉쳐야 하는가?

국민의힘도 그렇지만 자유민주 세력도 하나로 뭉치지 못하고 다양한 요소로 분열 현상이 심하다. 지난 대통령 탄핵도, 6·3 대선 패배도 자유민주주의 세력이 하나로 뭉치지 못했기 때문이다.

대통령 탄핵과 6·3 대선이 "자유민주주의냐 공산주의냐" 체제를 선택하는 마지막 순간임을 알았다면, 자유민주주의 세력은 하나로 뭉쳤을 것이다.

이재명 정권 등장으로 인해 자유민주주의 세력은 절체절명의 위기에 직면했다. 1948년 건국한 자유민주주의 체제가 무너지고 공산주의 체제로 직행하고 있다. 이 위기를 극복하기 위해서는 대한민국 세력은 단일전선(종북 좌익 용어로는 단일대오)을 형성해야 한다.

자유민주주의세력 하나로 뭉칠 빅텐트 명분은 대한민국세력

대통령 탄핵 사태 때 국민 여론이 상당히 유리했는데, 대선 정국으로 변화하면서 우익·중도 진영의 분열 현상이 나타났다. '대통령 비상계엄을 찬성하느냐, 반대하느냐?', '대통령 탄핵을 찬성하느냐, 반대하느냐?', '헌재 재판을 수용하느냐, 수용 못 하느냐?', '어느 후보를 지지하느냐?' 등 분열적 프레임으로 분열과 갈등이 커졌다.

어떻게 하면 분열을 딛고 하나로 통합할 수 있을까? 공산주의 체제가 등장할 절체절명의 체제 위기 상황임을 인식하는 것이다. "중도냐 보수냐"의 프레임을 걷어내고 "대한민국세력이냐, 반대한민국세력이냐"라는 프레임으로 교체하는 것이다. 종북 반대한민국 세력을 제외하고는 모두 함께 가자는 캐치프레이즈다. 그러면 '중도니 보수니, 중도니 우파니' 하는 분열과 갈등에서 벗어날 수 있다.

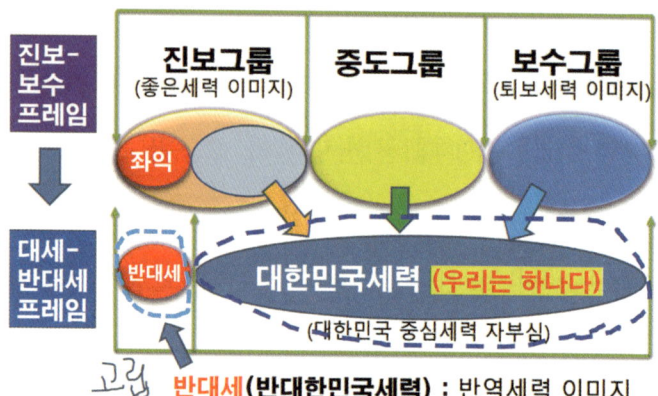

보수-진보 대신 대세-반대세로 교체하면

청소년, 젊은세대, 진보세력 ➡ 대한민국세력으로 대량 이전

고립 반대세(반대한민국세력) : 반역세력 이미지

여론조사를 보면 보수 세력은 약 30%, 중도는 40% 전후다. 이들을 하나로 통합하지 못하고 분열되면 필패다. 대한민국세력 프레임을 사용하면, 진보 그룹으로 잘못 들어간 자유민주주의 세력—곧 대한민국세력—을 우군으로 다시 합류시킬 수 있다. 더불어민주당에서 이탈한 이낙연 등 호남 정통 민주당 세력도 자유민주주의 세력으로서 우군에 포함되어 함께 싸울 수 있다는 논리는, 우익의 논리가 아니라 대세 논리다. "우리는 자유민주주

의를 긍정하는 대한민국세력이다. 우리는 하나다."

정당은 각기 지향하는 노선과 방향이 있다. 이를 당 정체성이라고 한다. 대한민국세력 내에도 여러 개의 정당이 존재한다. 중도 정당도 있고 우익 정당도 있다. 국민의힘 하나로 모든 세력을 아우를 수 없다. 따라서 대한민국세력 내 여러 개의 정당이 연대·연합하여 단일전선을 구축하고, 반대한민국세력 정당들과 효과적으로 투쟁해야 한다.

이 용어 프레임을 퍼뜨리는 것이 최고의 선거운동이다. 대한민국세력의 분열을 막고 국민 80%를 통합할 수 있으며, 더불어민주당 등 진보 텐트에 잘못 들어간 자유민주주의 세력을 이탈시키는 효과가 있기 때문이다.

대통령 탄핵과 6·3 대선, 이재명 정권과의 싸움에서 가장 중요한 무기는 바로 사상전쟁 용어 '체제전쟁'과 '대한민국세력 vs. 반대한민국세력' 프레임이다. 이 프레임을 5,200만 명의 머릿속에 넣으면 필승이다.

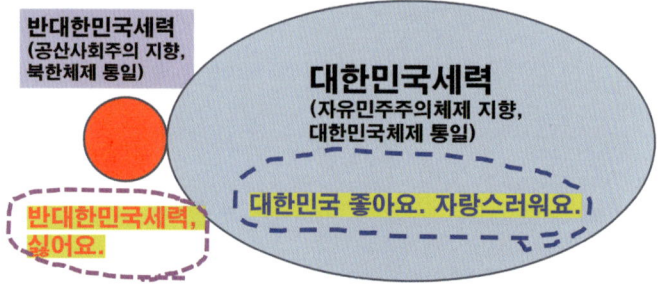

대한민국세력이냐? 반대한민국세력이냐?

반대한민국세력
(공산사회주의 지향,
북한체제 통일)

대한민국세력
(자유민주주의체제 지향,
대한민국체제 통일)

대한민국 좋아요. 자랑스러워요.

반대한민국세력,
싫어요.

0 대한민국세력-반대한민국세력 프레임의 장점은?
- 대한민국을 긍정하는 **자유민주세력에게 절대 유리**
- **중도가 없다.** 초등학생도 바로 선택할 수 있기 때문

당 연수교육 통해 "우리는 하나다" 인식 공유해야

국민의힘 등 우익·우경 정당들은 "우리는 대한민국세력이다"라는 인식을 공유해야 한다. 대한민국세력이란 대한민국의 자유민주주의 체제를 긍정하고 지켜야 한다고 믿는 범주를 의미한다. 그 반대는 반대한민국세력이다. 반대한민국세력이란 공산주의·사회주의 등 자유민주주의 대한민국을 무너뜨리려는 혁명 의식을 가진 세력을 말한다.

비록 자유민주주의 체제를 긍정하는 대한민국세력이라고 하더라도 사람마다 사건별로 상이한 입장을 보이기 쉽다. 이런 넓은 범주를 하나의 정당 안에 포함하니 분열과 갈등이 일어나지 않을 수 없는 것이다. 당이나 조직이 이러한 분열을 막고 하나로 통합할 수 있는 가장 유효한 방법이 바로 정체성 교육이다.

국민의힘 등 우익 진영이 통합된 정체성 교육이 없었기 때문에 분열현상이 가시지 않은 것이다. 특히 국민의힘이 당내 분열과 갈등으로 정치적 전투력이 급속히 약화된 데에는 2002년 천안연수원을 없앤 영향이 크다.

국민의힘이 현재의 위기를 극복하고 새로운 정치세력으로 우뚝 서려면, 대한민국 정체성 확립과 당 정체성 교육이 획기적으로 개선되어야 한다. 또한 당 내부 정파 간 차이를 인정하는 포용적 문화가 필요하며, 당원들간 동지애를 함양하기 위해 각종 단합행사를 자주 갖는 것도 필요하다.

아울러 보수·중도 등 노선에 따라 독립적 정당의 존재를 용인하되, 서로 "우리는 같은 대한민국세력이다"라는 동지적 인식을 바탕으로 상부상조·연대·연합하는 포용적 자세를 갖추어야 한다.

당의 중도론과 우익론, 서로 이해 가능하다

국민의힘에서는 "중도론으로 가야 한다", "우익 중심론으로 가야 한다"는 논란이 갈등의 불씨가 되고 있다. 중도론자들은 극우 세력(우익 중심론자를 지칭)을 포용하면 중도세력이 기피하므로 이들을 배제하고 중도론으로 가야 한다는 것이다. 우익 중심론자들은 '지금은 내전상태이므로 더불어민주당과 싸울 전사들을 중심으로 전투적 정당으로 재편해야 한다'는 입장이다. 전자는 외연 확장론자이며, 후자는 정체성 확립론자라 할 것이다.

그런데, 대한민국 자유민주주의 체제를 수호할 대표 정당이 자유민주주의 가치를 수호하려는 우익 세력을 배척하고 중도로 가자는 것은 대한민국의 자유민주주의를 포기하자는 말과 같다.

이재명도 『이재명, 대한민국 혁명하라』 자서전에서 "중도 정책은 실체가 없는 허상을 쫓는 것"이라고 말했다. 실제로 더불어민주당은 철저한 종북좌익 사상에 충실한 사람들을 중심으로 당을 이끌고 있다. 다만 선거에서 중도 국민의 지지를 얻기 위해 전략적으로 중도 정책을 펴온 것이다.

마찬가지로 국민의힘 등 우익·우경 정당도 충성도가 높은 우익 세력을 중심으로 뭉치고, 중도 국민의 지지를 얻기 위해 정책·홍보 역량을 강화하는 것이 순서다. 동지를 중심으로 뭉친 후 외연을 넓히는 것이다. 반대로 가면 당이 망한다. 우익 세력을 배척하고 중도 정책만 펴면 충성도가 높은 우익세력이 당을 떠날 것이다. 그러면 실리에 따라 움직이는 중도 세력도 당에 등을 돌릴 것이다.

다만 우익 중심론자들도 염두에 둘 점이 있다. 첫째, 이재명 정권의 헌법 개정(200석)을 막기 위해 최대한 이탈자를 막으면서 정체성 확립을 해야 한다는 점이다. 둘째, 우익의 가치·전투적 태도도 중요하지만, 선거 전략상 다수 국민의 지지를 얻기 위한 중도 정책도 필요하다는 점을 인식해야 한다. 중도 그룹을 포용하는 마인드도 가져야 할 것이다.

무엇보다 중요한 것은 우익 중심론자·중도론자 양측의 차이를 해소하기 위한 정체성 교육이다. 이를 통해 당원들이 "우리는 하나다"라는 동지애를 공유해야 한다.

국민의힘은 대한민국 발전사에서 중추적 역할을 담당했던 정당이다. 그런데 이렇게까지 망가진 것은 2002년 당의 교육기관인 천안연수원을 없앤 데 기인한다. 군대에서 논산훈련소와 사관학교를 없앤 것과 같다. 천안연수원은 그간 연중무휴 2박 3일 교육으로 연간 15만 명에 이르는 당원 교육을 했다고 한다. 교육을 받은 당원들은 자신의 마을로 돌아가 이웃들에게 전파하는 당 홍보요원 역할을 했다. 이러한 당 학교가 사라지면서 당은 정체성을 잃었고, 당원들은 오합지졸이 되었다. 이후 20여 년 만에 당은 모래 위에 지은 집처럼 무너지고 말았다.

국민의힘이 대한민국을 이끄는 중심 정당 역할을 회복하려면 중앙연수원의 교육 기능과 전략연구소인 여의도연구원의 기능 정상화부터 시작해야 한다.

당의 가치론과 민생론은 동전의 양면

국민의힘은 선거 때마다 민생론을 내세우며 정체불명의 공약과 정책을 불쑥 제시하기도 했다. 지난 총선 때도 이념 과잉, 민생론 부족 때문에 패했다는 백서를 만든 바 있다. 왜 국민의힘은 이념을 내세우는 것을 그토록 기피하는가? 이념(가치)과 민생이 별개란 말인가? 이러한 논쟁 자체가 이념에 대한 무지에서 비롯된다.

당은 선거라는 현실적 승리를 위해 국민 지지의 외연을 넓혀야 하므로, 국민의 현실 문제인 민생을 중시하는 것은 당연하다. 그러나 이념·가치와 민생은 대립하지 않는다. 당의 가치·노선과 민생 정책은 동전의 양면이다. 민생은 가치를 녹여 내 만든 공약이며 정책이기 때문이다. 정당은 지향하는 이념·가치와 노선을 확립한 뒤, 이를 녹여 낸 입법과 국가 정책을 제시해 국민의 지지를 얻어야 한다. 정당은 특정 노선과 가치를 중심으로 결집한 정치적 결사체이고, 민생론 역시 그러한 가치와 노선 위에 형성된 정책 상품이다. 가치가 전제되지 않은 민생론은 뿌리 없는 나무요, 기초 없는 집과 같다. 허상이다.

정당마다 이념·가치가 다르고, 따라서 민생론도 달라진다. 더불어민주당이 생각하는 민생과 국민의힘이 생각하는 민생은 분명히 다르다.

우익 정당들이 소모적 갈등을 줄이고, 이념·가치와 민생이 융합된 건강한 집권 정당으로 서려면 다음 네 가지에 집중해야 한다.

첫째, 당이 지향하는 자유민주주의·시장경제·법치주의·진실과 공정 등의 가치를 명확히 확립한다.

둘째, 그 노선에 입각한 일관된 공약과 정책을 개발한다.

셋째, 지도부–조직–당원이 이념·가치·노선과 정책의 정당성을 공유하는 교육을 전방위로 실시한다.

넷째, 당 조직과 당원은 당의 정책을 적극 홍보해 국민

지지를 확장한다. 아울러 당원 주권 인식을 강화하기 위해 국회의원·단체장·지방의원 등 공직 후보 충원 권한을 당원에게 환원한다. 그래야 뿌리가 튼튼한 정당이 된다.

(3) 6월 지방선거는 대한민국의 마지막 전투다

2026년 6월 지방선거는 대한민국의 운명을 결정하는 분기점이 될 것이다. 이재명정권은 출범 직후부터 총력을 다해 지방선거 승리에 올인하고 있다. 국민의힘과 우익 세력도 총력 대응해야 한다. 이를 위해 종북좌익 세력이 지방 마을을 장악하기 위해 얼마나 준비해 왔는지, 이들이 지방 마을 장악을 하려는 목적과 의도가 무엇인지 정확히 알아야 한다. 그렇지 않으면 결코 승리할 수 없다. 만약 우익·우경 세력이 이번 지방선거에 패배한다면 다시는 자유민주주의체제를 회복할 기회가 없을 것이다. 이번이 대한민국을 스스로 살릴 수 있는 마지막 기회가 될 것이다.

이미 오랫동안 지방마을을 장악해온 좌익 세력

좌익·좌경 세력은 20여 년 전부터 지방 마을을 장악하기 위해 귀촌·귀농 운동을 전개했다. 박원순 서울시장과 문재인정권의 노력으로 지방 마을에 그물망처럼 좌익·좌경 세력이 세력을 넓히고 지방 마을의 주도권을 장악했다. 그 과정은 복잡하고 길다.

대한민국 하부를 장악한 좌익 마을활동가들

2017년 1월, 이재명 성남시장의 저서 『이재명, 대한민국 혁명하라』에는 지방분권 항목 중 "꼬리를 잡아 몸통을 흔든다"는 제목이 있다. 지방분권으로 대한민국 체제를 바꾸겠다는 의미로 보인다.

문재인정권 때인 2018년 2월 더불어민주당이 만든 헌법개정 초안을 보면, 지방분권이라는 지렛대를 이용해 체제를 바꾸겠다는 의도가 노골적으로 드러나 있다. 헌법 제1조 제3항에 "대한민국은 지방분권국가를 지향한다"라고 규정한 것이다. 같은 시기인 2018년 3월 문재인정권은 청와대 직속 자치분권위원회를 설치하고 지방분권 정책을 추진했는데, 정부의 주요 장관들이 대거 참여했다. 전국의 자치단체들도 적극 동참하도록 했다. 문재인정권은 주민자치회, 마을교육공동체, 마을경제공동체(협동조합, 사회적 기업 등) 등 좌익 네트워크를 구축하는 데 총력을 경주했다. 이를 위한 좌익 마을활동가 양성과 조직 결성을 위한 지원 사업에도 매우 적극적이었다.

이러한 노력의 결과로, 문재인정권 말기에는 지방 하부에 3,500여 개 읍·면·동별 좌익 마을조직들이 그물망처럼 펼쳐지게 되었다. 이러한 좌익 마을조직들은 선거 때 유권자들을 움직이는 정치조직 역할을 수행한다. 2022년 3·9 대선 때 전북에서 1만 5천 명의 마을활동가들이 이재명 지지 선언에 동참한 것을 감안하면, 문재인정권 때 양성된 전국 좌익 마을활동가의 규모가 엄청날 것으로 보인다.

더욱이 이러한 좌익 마을조직들이 지방 곳곳에서 지역정당을 만들려는 움직임도 일고 있다. 영등포당 등 시·

군·구별 정당도 나타났고, 전북지역당 등 시·도별 정당도 등장했다. 이런 식이라면 멀지 않아 광주지역당, 대전지역당, 경기지역당, 강원지역당 등도 생길 것이다. 그런 후 이들이 모여 전국정당을 만들 것으로 보인다.

이런 지역당 연합 추진 세력은 3,500여 개 읍·면·동을 "마을공화국"이라 하고, 이를 기반으로 대한민국을 "마을연방민주공화국"으로 만들려 하고 있다. 이 모델을 세계에 수출하여 "마을공화국 지구연방"을 만들겠다는 야심까지 드러냈다. 전 세계를 공산화화겠다는 꿈이다.

마을공화국과 지역당운동???

[기고] 마을로 간 촛불민주주의, 마을공화국과 지역당운동

직접민주마을자치전국민회(2021.10)

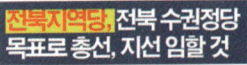

원고 내용의 근간이 되는 저자의 최근 저서 담대한 혁신사회 플랜(마을공화국 지구연방)

1. **마을공화국**(읍면동별)
 - 마을헌법(자치헌장),
   마을자치정부(동장
   직선), 주민총회,
   마을기금(사업),
   마을대학(시군구) 등

2. **지역당**(시도별)

3. **마을연방민주공화국**
 (대한민국 전체)

4. **마을공화국 지구연방**

이 지역당 연합은 이번 22대 총선 때 더불어민주당, 진보당, 정의당 등과 함께 선거연대 대상에 포함되기도 했다. 이들은 진보당과 함께 2026년 지방선거에서 지역 집권 정당을 꿈꾸고 있다.

이재명정권, 지방 마을장악 준비에 총력을 기울이다

저자는 2021년초『주민자치기본법, 공산화의 길목』책을 쓰고 전국을 다니며 주민자치회 등 좌익 세력의 마을 장악 위험성을 널리 전파했다. 주민깨우기운동을 전개한 지 5개월만에 주민자치기본법안 통과가 저지되는 성과를 거뒀다. 그러나 이재명정권이 출범하면서 지방자치단체와 마을 장악을 다시 본격화하고 있다.

특히 이재명정권은 주민자치회, 마을기업 등 좌익·좌경 마을세력이 읍면동을 장악할 수 있도록 각종 법안과 정책을 발의하고 있다. 2026년 6월 지방선거 압승을 위한 준비 과정인 것이다. 이재명정권이 입법부·행정부·사법부를 장악한 데 이어 지방권력까지 장악한다면, 대한민국 모든 공권력을 사실상 장악하는 셈이 된다.

대한민국 자유민주세력은 지금부터 좌익 세력의 마을 장악 실태와 그 위험성을 주민들에게 알리는 주민깨우기운동을 적극 전개해야 한다. 지방선거는 우익 진영과 좌익 진영이 죽느냐 사느냐를 두고 벌이는 전쟁이기 때문이다. 대한민국의 운명은 불과 몇 달이 남지 않았다.

2026년 6월 지방선거, 대한민국 회복할 마지막 전투

이재명정권은 중앙정부의 모든 주도권을 빼앗았다. 입법부·행정부·사법부 3권과 국정원·군·검찰·경찰 등 정보수사기관은 물론 선관위·헌법재판소·감사원 등 독립기관까지도 장악한 것으로 보인다. 마지막 남은 권력은 바로 지방권력이다. 자치단체(16개 시도·228개 시군구)와 산하 3,500여 개 읍면동, 그리고 주민자치회다.

이재명정권은 내년 지방선거에 올인하고 있다. 대통령과 우익 세력을 내란세력으로 몰아 정치권에서 배제하고, 국민 인식 속에 반란세력이라는 부정적 이미지를 심어 지방선거에서 완전한 압승을 거두려는 것이다. 이때 헌법을 바꾸는 헌법개헌 국민투표까지 함께 추진될 수 있다. 그렇게 되면 자유민주주의 체제의 대한민국은 소멸하고 만다. 이번 지방선거가 어쩌면 대한민국을 되살릴 마지막 기회라는 각오로 총력 투쟁해야 한다.

진보당, 지방 마을 장악 위해 총력 투쟁 중

특히 지방선거에 가장 먼저 행동을 개시한 것은 진보당이다. 과거 통진당 후신인 진보당은 국민 지지율이 0.5%~1%에 불과함에도 더불어민주당과의 연계 속에 국회의원 3명을 확보했다(자유통일당은 2.26%(64만여 표)를 얻었지만 1석도 못 얻음). 이들은 내년 지방선거에 큰 야망을 갖고 있으며, 150석 확보로 지방 권력을 주도하겠다는 목표를 내걸고 있다. 더불어민주당 등 좌익 정당과 연대해 헌법 개정과 북한과의 연방제 통일 구상에 주도적 역할을 하겠다고 밝히고 있다.

이들의 지방 하부 장악 전략은 결코 헛된 꿈이 아니다. 더불어민주당이 진보당 기반인 민주노총(회원 수 약 120만 명)이 3,500여 개 읍·면·동에서 주도권을 확보할 수 있도록 주민자치회 법 개정을 추진할 가능성이 높기 때문이다.

주민자치회는 6·25전쟁 당시 '인민위원회'와 유사

주민자치회는 마을 좌익 세력이 주도하는 읍·면·동 통치 권력 기관으로 변질될 우려가 있다. 이는 6·25전쟁 당시 각 읍·면·동에서 보았던 '인민위원회'의 작동 방식과 유사한 모습을 떠올리게 한다. 당시 좌익 세력은 붉은 완

마을좌익, 인민위원회 참여, 악행 자행

0 붉은 완장 차고 북한군 앞잡이 노릇 (부역자)

- 우익인사 (반동분자) 살생부 작성

- 우익인사 (반동분자) 색출, 체포

- 인민재판 처형 등 주도

- 청년들 체포, 북한군에 투입(15만명)

장을 차고 '반동분자' 색출을 명분으로 가가호호 방문해 경찰가족, 군인가족, 지주, 자본가 등 우익 세력을 색출하고, 인민재판을 통해 처형에 앞장섰다. 주민자치회가 정치 편향적 지배 구조로 기울 경우, 풀뿌리 민주주의의 장이 통제와 동원의 수단으로 변질될 위험이 있다.

지방 읍면동은 민노총과 지방 좌익의 먹잇감

좌익 주도의 주민자치회는 기존의 주민 개념과 다르다. 기존의 주민이라 함은 그 동네에 집과 주소를 가지고 실제로 사는 사람을 말한다. 그러나 좌익 주민자치회에서는 해당 읍면동에 거주하는 주민들과 함께 해당 읍면동에 소재하는 기업, 단체, 학교의 모든 직원들(외지인이라도)도 주민의 자격을 가지고 주민자치회에 참여할 수 있도록 한 것이다. 그래서, 민노총 소속 회원들이 기업 소재지별로 주민자치회에 참여할 수 있는 것이다. 민노총이 16개 산별노조만 있는 게 아니라 지역별로 시도조직-시군구조직에다 읍면동 조직까지 갖는 대한민국 최고의 권력기관으로 변신할 수 있다. 대한민국은 민노총 공화국이 될 수 있다. 그러면 해당 읍면동에 소재하는 기업들은 주민자치회로부터 기부금 요구 등 과도한 간섭과 통제를 받게 되어 기업활동에 중대한 장애가 발생할 우려가 있다.

민노총, 전국 지역네트워크로 하부장악

민노총, 16개 산업별 노조

전국건설산업노조연맹, 전국공공운수노조, 전국공무원노조(전공노), 전국교수노조, 전국금속노조연맹, 전국대학노조, 민주일반연맹, 전국보건의료산업노조, 한국비정규교수노조, 전국사무금융노조연맹, 전국서비스산업노조연맹, 전국언론노조, 전국여성노조연맹, 전국교직원노조(전교조), 전국화학섬유노조연맹, 전국정보경제서비스노조연맹

지역본부 (도, 광역시)
서울, 인천, 충북, 대전 등

* 주민자치회가 전국 실시되면,
민노총 하부조직,
모든 읍면동에 조직화
(대기업 지사, 은행 지점,
공무원, 교사, 병원 등 없는 곳 없다)

또한 지방 좌익 세력도 대한민국 하부 최고권력층으로 우뚝 설 수 있다. 이들은 지방의 모든 권력과 돈을 장악하려 할 것이며, 이를 통제하는 전체주의적 조직이 만

들어질 수 있다. 이들은 금전적 유인과 주민정보·권력을 활용해 영향력을 행사할 것이고, 주민들은 불이익이 두려워 복종을 강요받을 위험이 있다. 이것은 베네주엘라 차베스가 만든 주민자치회 모델을 원용한 것이다.

더불어민주당은 주민자치회를 만들 뿐 아니라 마을공동체, 마을교육공동체, 마을경제공동체, 자치경찰제 등을 통해 겹겹이 주민을 엮고 통제할 것이다. 이재명정권이 등장한 후 지방마을을 장악하기 위한 법안 발의에 나서고 있다.

주민자치법개정안(주민자치회 전국실시), 지방의회법안, 농어촌회의소법안, 마을기업법안 등이다. 이러한 법안들이 모두 통과되면 주민들은 좌익 강사들에 의해 학생과 학부모, 주민들이 이념 편향적 교육을 강제로 받게 될 우려가 있고, 농민·어민을 전체주의적 조직 속으로 귀속시킬 수 있다. 협동조합, 사회적 기업, 마을기업 등 경제조직 속에 편입되어 전국적 통제 구조가 형성될 수 있다.

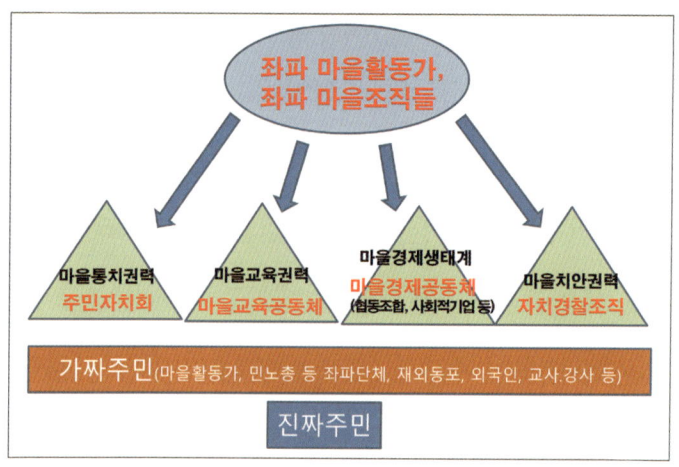

내년 6월이 지방선거이므로 2025년 12월부터 선거법에 저촉된다. 그러므로 자유우익세력이 주민들에게 이러한 사실을 알릴 수 있는 기회는 올해 12월 초까지뿐이다. 우익·우경 정당과 우익·우경 세력은 하루빨리 대한민국 자유민주주의체제의 운명의 시간이 다가오고 있음을 널리 알려야 한다.

누가 절망을 말하는가?

독자들에게 마지막으로 말씀드리고 싶은 것은 낙심하지 말라는 것이다. 생각건대 "위기가 기회다"라는 말이 있다. 위기가 깊어질수록 그 위기를 돌파할 에너지는 충만해진다. 그 에너지에 불씨만 던지면 대폭발이 일어날 수 있다.

지금 대한민국은 정치학교다. 이재명정권이 이끄는 끝도 없는 막장 드라마를 보고 있다. 지금까지 한 번도 보지 못하고 듣지 못했던 정치적 난장판을 우리는 똑똑히 보고, 겪고 있다.

이제 자유민주주의 국민들이 들고일어나 이들의 실체를

국민에게 알리고 척결하는 국민운동을 시작할 때다. 그 작업은 우익·우경 정당과 우익·우경 단체들, 교회, 청년 등이 주도해야 할 것이다.

누가 절망을 말하는가. 나는 절망으로 글을 시작하여 이 제 희망으로 마무리하고자 한다. 전쟁의 폐허를 뚫고 세 계를 무대로 기적을 이루어낸 대한민국이다. 우리에게 는 위기를 기회로 바꾸는 애국심이 있고 "한번 해보자" 라는 기질도 있다. 한 번 발동이 걸리면 물불을 안 가리 는 '한 성질'도 있다. 6·25전쟁 때 나라가 공산화될 위기 앞에서 군인들과 학도병들은 나라를 위해 목숨을 내놓 았다. 이 정신이 발화된다면 못할 것도 없다. 이제 희망 을 현실로 만들기 위해 치밀한 전략과 담대한 용기, 그 리고 행동에 나설 때다. 그러면 하나님이 대한민국을 도 우실 것이며, 우리는 반드시 승리할 것이다. *